TRAITÉ

LA VÉNALITÉ ET PROPRIÉTÉ

DES OFFICES,

Ouvrage dédié à MM. les Officiers ministériels,

PAR

M. Paul BONNET, avocat.

PREMIÈRE ÉDITION.

A TOULOUSE,

CHEZ DELBOY, LIBRAIRE, RUE DE LA POMME, 71.

ET DANS LES DÉPARTEMENTS, CHEZ LES PRINCIPAUX LIBRAIRES.

1848.

TRAITÉ

SUR LA VÉNALITÉ ET PROPRIÉTÉ DES OFFICES.

Toulouse, imp. d'Aug. de Labouïsse-Rochefort.

TRAITÉ

SUR

LA VÉNALITÉ ET PROPRIÉTÉ

DES OFFICES,

Ouvrage dédié à MM. les Officiers ministériels,

PAR

M. Paul BONNET, avocat.

PREMIÈRE ÉDITION.

A TOULOUSE,

Chez DELBOY, LIBRAIRE, RUE DE LA POMME, 71.

ET DANS LES DÉPARTEMENTS, CHEZ LES PRINCIPAUX LIBRAIRES.

1848.

𝔄 𝔐𝔐. les 𝔒fficiers ministériels

La question que je traite est de la plus grave et haute importance; considérée en elle-même, elle mérite, à tous égards, la plus vigilante sollicitude; par ses rapports avec la société entière, elle ne peut qu'émouvoir.

Que ceux qui ont eu ou qui ont encore quelques fausses craintes relatives à la propriété de leur office, se tranquillisent : la république ne peut pas vouloir ce que la tyrannie la plus odieuse n'oserait espérer, *la confiscation ;* elle saura parfaitement respecter et faire respecter, s'il y avait lieu, les propriétés, sous quelque forme , nature, ou dénomination que l'on possède : des temps plus orageux sont passés sur notre patrie, et ces temps là ont toujours respecté la propriété des offices !

Qu'on lise , du reste, la dernière proclamation du gouvernement provisoire au peuple français , et l'on sentira peu à peu renaître dans son âme cette confiance qui avait été un moment égarée.

La république, mieux qu'aucun autre gouvernement, pourra nous donner tous les principes sur lesquels repose la stabilité de l'ordre social : mais
pour qu'elle puisse nous les donner, il faut aller
franchement à elle, sans retour, sans arrière pensée ;
la situation politique est des plus graves, sachons
donc en éviter les alarmes ; ce n'est pas au milieu de
la tempête qu'il faut démoraliser ni rendre impuis-
sants le courage ni la volonté du pilote : il a besoin
aussi de l'énergie et de la confiance de tout l'équipage.
Si vous le supposez impropre à vous conduire, à
vous sauver, que vous lui arrachiez le gouvernail,
ou que vous paralisiez ses forces, en lassant son
courage, vous précipiterez votre mort, vous allez
au-devant de l'abyme.

Que tous les bons citoyens comprennent donc
aujourd'hui, qu'enfants d'une même mère, nous ne
devons plus avoir d'autre opinion que celle qui a
trait au salut public : comprenons aussi que nous
devons tendre une main au pouvoir pour le soutenir
dans la voie de la liberté, et de l'ordre, qu'il doit
suivre ; et que nous ne devons réserver l'autre
qu'afin d'écraser les fauteurs d'anarchie, et les misérables qui n'ont d'autre idole que le pillage.

Donnez donc tous sinon vos convictions encore, du moins votre appui au gouvernement provisoire; n'ayez rien à vous reprocher, car le repentir est un sentiment qui vieillit le plus chez l'homme ; et le repentir est le marche-pied du remord : ne prenez ni l'initiative , ni la funeste tendance d'une prévarication politique et sociale. C'est le seul moyen qui vous reste pour jouir des bienfaits de la paix et de la tranquillité publique; c'est la seule voie que vous ayez à suivre pour exiger, sans restriction aucune, le respect des personnes, et l'inviolabilité des propriétés ; c'est le seul remède pour éviter l'anarchie, et peut-être la plus affreuse des calamités, la guerre civile. Courage donc et confiance !

Les gouvernements se conservent ou se tuent d'eux-mêmes; quand, oubliant ce qu'ils ont promis, ils veulent s'élever sur la ruine des lois et de la liberté, on leur rappelle alors, qu'ainsi que le bas empire, la France a aussi ses gémonies. Sachons donc attendre et donnons lui tous les moyens possibles pour nous rendre heureux. Pas d'opinion ! pas de parti ! pas de scissions !! un seul cri de ralliement pour tous : *Vive la France* : et plus tard nous serons fiers et heureux d'avoir contribué à la solidité et au maintien de l'ordre , de la liberté, de la justice et du bonheur de tous.

Espérons donc , messieurs, que la république saura ménager tous les intérêts, et que si la Convention est jamais appelée à traiter la question de la vénalité des offices, elle saura comprendre que de toutes les questions qu'elle aura à examiner, c'est une des plus graves , des plus sérieuses ; et qu'à ce double titre elle saura et la rendre digne de sa juste et paternelle sollicitude, l'entourer enfin de tout le respect qu'elle mérite , et de tous les égards qui lui sont dus.

Je n'ai traité principalement que les offices des notaires, parce que ce sont naturellement ceux qui, par leur rapport avec la société , sont les plus importants. Les droits des autres titulaires, tels qu'avocats à la cour de cassation , avoués, greffiers, huissiers, agents de change, etc. etc., considérés dans leurs rapports avec la propriété de leur office, sont pareillement identiques à ceux des notaires : du moment où l'inviolabilité de la propriété de l'office d'un notaire est reconnue , cette inviolabilité s'applique à tous les autres offices ministériels.

Je termine ma préface en faisant un appel patrio-

tique au cœur de tous les officiers ministériels ;
hommes de capacité et de moralité, ils sauront, je
l'espère, dans l'intérêt de notre patrie, comprendre
le rôle que la société leur a donné, et que la nécessité des circonstances exigent et réclament au nom
de la France entière ; ils sauront user de toute leur
influence, soit par l'énergie de leur caractère, soit
par leur position sociale, soit enfin par le plus
beau privilège que le ciel donne à l'homme, *l'élévation de l'âme*, pour envoyer à la convention nationale, non des hommes médiocres, cupides, in-
sensés, fanatiques, mais des esprits purs, des
intelligences fortes, des caractères énergiques, qui
s'identifiant par l'ardeur de leur patriotisme, par le
courage de leur opinion, par leur propre salut, au
salut et au repos de la France, à ses destinées, à
son honneur, fassent renaître dans nos âmes ces
quiétudes de bonheur, ces espérances de si tardives félicités, et qui, chassant à jamais loin de
nous l'orageux horizon qui plane sur nos têtes, ils
déchirent le mystérieux, sombre et sanglant rideau
qui voile notre avenir, en faisant briller et luire à sa
place l'aurore sereine et radieuse de la liberté et
de la justice, si impatiemment attendue.

Envoyons donc des hommes de bien, d'ordre, de paix, d'honneur, n'importe leur opinion politique.

Je leur demande encore et réclame toute leur indulgence, pour mes premières impressions politiques, et surtout pour le premier ouvrage que je livre à la publicité.

Toulouse, ce 23 mars 1848.

Paul **BONNET**, *avocat*.

SUR LA VÉNALITÉ DES OFFICES.

« ....Citoyens, la France tente en ce mo-
» ment au milieu de quelques difficultés finan-
» cières léguées par la royauté, mais sous des
» auspices providentiels, la plus grande œuvre
» des temps modernes, la fondation du gou-
» vernement du peuple tout entier, l'organi-
» sation de la démocratie, la république de
» tous les droits, de tous les intérêts, de toutes
» les intelligences et de toutes les vertus. »

*(Extrait de la Proclamation du gouvernement
provisoire. Mois de mars 1848.)*

Le respect de la propriété et des personnes,
est le seul fondement qui puisse soutenir et
agrandir un empire.

La liberté, ce flambeau mystérieux de la création divine, cette maîtresse infidèle des peuples et des rois revient, après trois révolutions, se jeter dans les bras du peuple, et projeter ses rayons radieux et chéris sur les nations esclaves qui l'attendent à leur tour.

La fraternité, cette sublime doctrine du christianisme, après dix-huit siècles de bien tardives espérances, vient envelopper dans sa sphère protectrice toutes les diverses classes de la société.

L'égalité, cette suprême dédicace de nos lois civiles, sont devenues la devise de nos drapeaux, le
frontispice de la nouvelle ère, l'unité de nos lois,
les trois colonnes fondamentales de l'édifice et résur-
rection sociale.

Cette majestueuse trinité, qui forme la sainte ta-
ble de la République, la charte de nos institutions,
la respectable souveraineté et alliance des citoyens
entre eux, doit être comprise par le peuple, comme
par ceux qui seront appelés à devenir les architec-
tes de l'œuvre régénératrice.

Une nation, pour se soutenir, ne doit rien tenter
au début d'un nouvel ordre de choses qui soit au-
dessus de ses forces : ses destinées sont comme celles de l'homme ! Toutes les lois instituées doivent
entretenir la société entre elle : il ne s'agit pas de
vouloir assurer l'existence à une partie du peuple au
détriment de l'autre; il faut, même pour réaliser
ce principe philanthropique, savoir conquérir les
divers intérêts de toutes les parties de la nation, sans
exception aucune, respecter surtout leurs droits acquis; car rien ne touche plus à l'intérêt de l'homme
que sa propriété.

Le peuple, pour certains esprits, ne comprend
que la classe ouvrière; d'autres y catégorisent la
bourgeoisie; mais le sens commun, mais la loi, la

morale, la religion , entendent par peuple la masse
collective de tous les citoyens, sans exclusion aucune; qui pourrait s'affranchir de cette cohorte?
qui n'en revendiquerait pas son poste ?

La démarcation qui règne dans la société et qui
toujours y règnera , à moins d'un nivellement com-
plet de toutes les intelligences, est une conséquence
naturelle des privilèges de mérite, de talent, de
vertu , qu'aucune loi humaine ne peut détruire.

En admettant , pour le moment, la création première d'un empire sur les bases les plus justes et
les plus larges que la loi agraire puisse vous donner,
quelques années suffiront à peine pour rétablir cette
inégalité de condition sociale, qui puise l'augmentation de ses degrés dans la débauche et la paresse
des uns, dans la sagesse et le travail des autres ;
dans l'honnêteté et l'honnenr de ceux-ci, dans l'im-
pureté et le vice de ceux-là ; dans le privilège en un
mot des qualités intellectuelles et morales que le ciel
nous envoie.

De tous les peuples du monde, le plus fier, dès
son origine, fut le peuple Romain : Ce fut le plus
jaloux de sa liberté. Rome, dès la fondation de sa
constitution religieuse, politique et sociale, s'attira ,
par le tempérament sage de ses chefs, des partisans
de tous côtés ; la conduite pacifique de Numa, adou-

cissait ce qu'il y avait de féroce et de sauvage dans les mœurs des Romains, et le caractère fier et entreprenant des Tullus, ne fut pas moins nécessaire pour cet empire, fondé par la violence et entouré de passions ennemies.

Tout ce que faisaient ses chefs, était dans l'intérêt de tout le peuple, mais jamais au détriment injuste de certains citoyens. Les Tarquins, avec leur caractère fougueux et leur pouvoir despotique et cruel, voulurent s'élever sur la ruine des lois et de la liberté, et la loi et la liberté les écrasèrent.

Les lois seules et la justice ont le droit d'être inexorables dans un gouvernement républicain, dont la forme austère ne doit faire trembler que les tyrans. Habitués aux distinctions flatteuses, ils ne peuvent plus tard souffrir une égalité humiliante, et le prestige du pouvoir ne doit pas éblouir !

Les révolutions, tant des peuples anciens que du moyen-âge, ont échoué par la fausse activité de la création ou des modifications mal comprises, qui jetaient dans les masses la haine et le mépris. De là, ces funestes guerres civiles, complétées par une exécrable anarchie.

On peut renverser un ordre de choses, basé sur un système de corruption ou de trop coupable servilité; ce n'est qu'un changement de personne, pure affaire d'esprit de parti : mais lorsque de nouvelles dispositions législatives touchent de près ou de loin, aux propriétés acquises, au centre desquelles viennent s'unir en faisceaux une infinité d'intérêts divers, c'est alors la menace d'une confiscation des plus attentatoires aux droits acquis, qui doivent nécessairement entraîner une perturbation générale dans la société, une de ces monstruosités effrayantes, qu'aucune révolution sociale ni politique, si radicale qu'elle soit, ne peut engendrer chez un peuple civilisé.

Un gouvernement qui serait si dur dans une république naissante, exciterait un murmure général; car sous un vain prétexte d'abolition de privilèges, d'une justice exacte, le peuple éprouverait tous les jours une injustice extrême; aussi avons-nous eu une pleine et entière confiance dans le gouvernement provisoire, quand nous avons connu ses arrêtés qui, au lieu de faire revivre ces anciens et sanglants souvenirs de 93, les ont fait disparaître dans l'orage qui a emporté la royauté.

Quand donc une révolution s'est accomplie, il faut en comprendre la véritable œuvre comme on en comprend les causes; car cette série continuelle de révolutions successives, prend son origine dans l'œuvre primitive de la première révolution, œuvre

qui, manquée, non comprise, ou faussée, provoque,
plus tard, l'engendrement de cette multiplicité
d'écarts qui déborde tout.

La France de 1848, en saluant la grande révolution qui vient de s'accomplir, a ses destinées
d'avenir en ses mains. Mais pour en couronner le
triomphe, il ne faut, ni en attiédir le succès, ni en
exagérer la véritable portée, ni l'arroser de sang,
ni lui offrir en holocaute, la tranquillité, l'espérance, la confiance, les droits, la propriété acquise
des familles.

Sans doute, il faut satisfaire à toutes les nécessités,
mais rien aux exigences; car, une fois que les exigences ont réalisé leurs vœux, c'est la digue qui
se rompt, c'est un passe-droit auquel rien n'est inac-
cessible.

L'esprit donc de la révolution accomplie doit
porter plutôt sur l'avenir, que sur l'actualité : le
ressentiment qui germe dans le cœur de l'homme,
finit par se convertir en haine, et la haine engendre la vengeance, quand on n'a aucun soulagement
à ses peines. Celui qui est frappé dans son droit
de propriété, l'est dans ses plus chères affections,
dans ses plus douces espérances ; le père de famille
ne peut pas se faire à cette idée affreuse de voir en
un seul jour s'écrouler l'édifice de sa famille, qu'il

avait bâti au prix de son travail, de tous sacrifices ;
n'est-ce pas d'ailleurs la plus grande injure faite à
l'estime, à la considération de l'homme, à sa vertu,
qu'une menace, qu'une crainte qui, directement ou
indirectement, médiatement ou immédiatement, pré-
sagerait une atteinte à sa propriété acquise et dé-
veloppée par lui : la compensation ne peut jamais
s'établir qu'à position égale; considérée sous un
autre point de vue, elle engendre vingt mécontents,
pour un satisfait dont le remerciement pour le pouvoir serait un bien faible et triste soutien.

Le premier principe de la république a été: *Respect aux propriétés !* Ces trois mots ne peuvent souffrir la moindre exception; aussi, confiants en la
haute sagesse des hommes éminents du gouvernement provisoire, nous nous reposons à l'abri de leur
sollicitude, sûrs que nous sommes tous, de l'appui
de leur égide, protectrice du droit et de la justice.

Des bruits alarmants se sont déjà répandus dans
les masses; ces bruits avaient pris leur source dans la
vénalité des offices. Ici, il se présente une de ces questions des plus importantes, des plus graves, dans
l'intérêt même de la société, question que je vais examiner en elle-même, laissant provisoirement de côté
toutes les plus puissantes considérations d'ordre social, d'intérêt de famille, d'intérêt des tiers, d'intérêt de toute la société en un mot.

Des offices sous l'ancienne jurisprudence.

L'authenticité a toujours été reconnue aux actes de notaire. Sévère et Antoine, en 193, proclamèrent une loi qui la sanctionna chez les Romains. Les notaires furent d'abord chargés de prendre des notes pour les conventions des parties : ce projet d'acte s'appelait *Scheda*. Il n'était pas obligatoire : le tabellion rédigeait ensuite ces notes ; cette opération s'appelait *Completio contractus*, au bas duquel les parties apposaient leur seing, *Signum*.

Plus tard, Justinien ordonna en 528, que les contrats de vente, d'échange, de donation, ne seraient valables qu'autant qu'il en aurait été signé acte dressé des parties. C. lib. 4, tit. 21. Comme ceux des notaires d'aujourd'hui, ils devaient contenir le nom de l'empereur régnant, du jour, mois et an, les noms des témoins, puis reconnus devant le juge par le tabellion qui les avait écrits. Nov. 73, cap. 7.

On considérait ces contrats comme le sont les jugements sur le registre des audiences, aussi les appelait-on *scripturœ publicœ*. En cas de mort ou d'absence de l'écrivain, du compteur ou des témoins, on devait s'en rapporter à la déposition du tabellion.

La profession de tabellion et de notaire ayant le même principe, on peut reconnaître par là l'origine du notariat. Cette fonction avait été jugée et reconnue tellement digne par les Romains, qu'on ne voulut confier les fonctions de notaire qu'à des hommes d'honneur, libres, pleins de délicatesse et de probité, afin de ne pas souiller cette délicate profession; ils devaient être à toute épreuve, de bonne foi, très-instruits dans l'art d'écrire, de penser, et surtout versés dans la science du droit. Cod. lib. 10, tit. 69.

Les affaires se multipliant, cet état prit une très-grande extension; on vit les tabellions faire corps et collège entre eux, sous un chef nommé *Primecerius*, (Cujas, sur la loi inciv. 15, Cod. de decur). Ce furent sous ses auspices que plus tard ces fonctions de tabellion ou de notaire s'établirent dans les Gaules. La reine Ingeberge, veuve du roi Charibert, en 564, fit son testament devant un notaire (Grégoire de Tours, *Hist. de France*, liv. 9, ch. 6). La dix-septième formule de Marculfe, sous Clovis II, en 653, porte : « *Testamentum nostrum condidimus, quod illi notario, scribendum, commissimus.* Enfin, dans les capitulaires de Charlemagne, dans les années 803 et 805, ce dernier donne ordre à ses envoyés de nommer des notaires dans ses états; il les désigna sous le nom de *judices chartularii*. D'après cette grave dénomination, le notaire était et le rédac-

teur et le juge de ses actes écrits. Depuis Charlemagne jusqu'au 13e siècle, le notariat subit une
foule de variations, mais toujours les fonctions de
notaire, entourées d'une dignité des plus respectueu-
ses, ne furent confiées qu'à des gens d'honneur et
de savoir.

De 870 à 1270, siècles d'anarchie et de guerres
civiles en France, où l'ignorance et la barbarie do-
minèrent tout, le notariat, comme presque toutes
les autres fonctions, n'offrit aucun mouvement;
triste privilège des guerres civiles et du despotisme
qui pèsent sur les peuples, quand la perversité de
ses chefs n'inaugure que l'injustice et l'iniquité.

La considération dont jouissaient les notaires au
XIIIe siècle, ne peut être révoquée en doute ; en effet,
dans les chroniques de Provence, édit de 1614,
lettre E , il est parlé d'un notaire qui , en 1270, fut
envoyé par Charles Ier, comte de Provence, pour
recevoir les hommages des gentilshommes d'Arles.
C'est de cette même année 1270, que l'état de notaire fut érigé en office. Saint Louis créa soixante
notaires à Paris , pris parmi les personnages de la
plus haute intégrité. L'on voit donc que depuis l'année 193, jusques en 1270, malgré toutes les guerres
civiles ou étrangères, tant chez les peuples Romains
que dans les Gaules, le notariat fut toujours considéré comme une dignité des plus importantes, et en-

touré de tout le respect que comporte une si digne profession.

Par une ordonnance rendue en l'année 1302, Philippe-le-Bel créa des notaires publics, auxquels il donna le pouvoir d'exercer la juridiction volontaire que les juges exerçaient depuis long-temps (art, 20). Ce furent ces notaires qui prirent le nom de notaires royaux.

Il y avait aussi des notaires seigneuriaux qu'on appelait généralement tabellions; ce furent les seigneurs qui les créèrent dans leurs terres, ainsi que les coutumes d'alors leur en donnaient le droit. Ils avaient les mêmes avantages que les notaires royaux, moins certaines prérogatives d'exercice.

Comme les notaires d'aujourd'hui, ils avaient une circonscription de laquelle ils ne pouvaient s'affranchir pour l'exercice de leurs fonctions; ce droit d'étendue d'exercice fut réglé par un édit du mois de novembre 1582.

Il y avait un troisième ordre de notaires, qu'on appelait notaire apostolique; leur attribution consistait à recevoir les actes en litige bénéficial. Edit de septembre 1547.

Les tabellions, qui de tout temps et ancienneté avaient été créés par toutes les châtellenies, prévôtés et vicomtés, furent renouvelés par un édit du mois de novembre 1542 du roi François Ier.

Il existait autrefois en France des officiers exclusivement chargés de mettre en grosse les actes des notaires : Ces actes, à raison du laconisme de la rédaction, portaient le nom de *notes*, *briefs*, *minutes;* on appelait ces officiers tabellions. C'était au tabellion du ressort du notaire que la partie portait la minute pour la faire rédiger en grosse en son entier; les grosses étaient le rétablissement en leur contenu des simples annotations et abréviations de l'acte : on l'appelait grosse parce qu'elle était écrite en caractère plus gros que la minute. Un édit du mois de décembre 1697 fit défense de mettre à exécution les actes des notaires de Paris, si au préalable ils n'étaient pas *sur parchemin et en grosse exécutoire.*

On attachait dans le principe une si grande importance à la délivrance des grosses, que lorsque une déclaration du roi, en date du 6 juillet 1543, accorda aux notaires le droit de délivrer leurs grosses, ils furent obligés de les écrire de leur propre main. Ils ne furent exemptés de cette obligation que par lettres patentes de François Ier, en date du premier septembre 1541.

Les autres notaires du royaume obtinrent les mêmes droits que ceux de Paris, et purent aussi délivrer leurs grosses; leurs tabellions furent supprimés aussi par un édit de Henri IV, du mois de mai 1597. Mais les provinces réunies depuis à la France, eurent encore des tabellions, dont les fonctions avaient été maintenues dans les provinces de Flandres, Artois et Cambrésis : ces tabellions portaient le nom de *greffier du gros*.

Tel était l'état des choses à l'époque de la révolution de 1789.

Il était adjoint aux notaires des gardes-scel, dont les attributions consistaient à sceller leurs actes; et les gardes-notes, auxquels on remettait les minutes des notaires décédés.

L'office de garde-scel fut supprimé par un édit du mois d'août 1706. Ce fut ce même édit qui ordonna alors à tous les notaires d'avoir un sceau aux armes du roi, pour l'apposer eux-mêmes sur leurs actes. Tradition qui depuis cette époque continue d'exister.

La première disposition législative qui sanctionna dans toute la France le droit accordé aux notaires de délivrer des grosses de leurs actes, sans scel ni visa, à la condition de les faire *légaliser* par l'un des juges du tribunal d'immatriculation du notaire, se trouve exprimée dans l'art. 15, tit. 1er., sect. 2, de la loi du 29 septembre et 6 octobre 1791.

Cette règle est celle qui est établie aujourd'hui par l'art. 21 de la loi du 25 ventôse, an XI, et par l'art 547 du Code de procédure.

Il n'y avait jadis rien de plus varié que la formule exécutoire des jugements et actes notariés surtout.

Le ministère des juges, comme celui des notaires, consiste à déclarer, savoir : Les juges, l'intention de la loi, et d'en ordonner l'application dans les cas litigieux ; les notaires, l'intention des parties contractantes.

Ils disent les uns et les autres ce qui a été *voulu*, ce qui est devenu un droit : ceux-ci par la volonté des contractants, ceux-là par la loi ; si aucune force ne venait en assurer l'effet, ce droit serait vainement déclaré.

De ce que les lois sociales nous empêchent de nous faire justice nous-même, il faut donc emprunter à la force publique cette force. Ce n'est que le chef du pouvoir exécutif qui peut, en son nom, faire employer la force publique. Son intervention est donc indispensable dans chaque contrat de notaire ; c'est donc lui qui doit les promulguer et en demander l'exécution, de même que celle des lois. D'où la conséquence que la formule exécutoire donne au notaire une autorité égale à celle du juge, lui donne un pouvoir très étendu, et prouve par là la considération qui l'entoure. C'est le véritable délégué de la puissance publique.

De tout temps les notaires ont été rangés au nombre des officiers de justice. C'est ce que remarque Loyseau, liv. 1er., n° 96 : « Les notaires, dit-il, ont » le plus fréquent exercice de la juridiction volon- » taire, sous le nom, toutefois, et autorité des juges. »

Jusqu'à la révolution, les notaires de Paris ont pris la qualité de *notaires au châtelet de Paris*. Leurs grosses étaient intitulées au nom du prévôt de Paris; scellées du scel de sa juridiction, et toujours ils firent corps avec les officiers de ce tribunal.

Si l'office du prévôt était vacant, les grosses étaient intitulées au nom du procureur-général du parlement, qui avait la garde de la prévôté.

Dans les justices seigneuriales, aux environs de Paris, les grosses étaient rendues au nom de leurs seigneurs.

Enfin, chaque province avait son intitulé différent.

Les lois des 29 septembre, 6 octobre 1791 et 25 ventôse an XI, ont fait du notaire un témoin irrécusable, un juge souverain, inscrivant les volontés des parties, qui les lie ensemble, et les oblige à la fixité de leur intention : leurs actes font foi en justice, ils sont exécutoires dans tout le royaume. L. 25 vent. an XI, art. 4; c'est la véritable application du sens des mots que nous avons vus : *judices chartularii*. De cela même que leur nomination émanait de la puissance royale, ils rentrent dès lors dans la classe de l'ordre judiciaire. La loi du 19 brumaire an IV a mis le notariat dans les attributions de la justice; attribution maintenue par la loi du 25 ventôse an XI, art. 4. Comme les membres des tribunaux, ils sont inamovibles, et suivant un orateur de la chambre des députés (séance du 12 mai 1831), *ils tiennent une place élevée dans l'ordre judiciaire*. Mais le corps ne dépend que de son autorité; il n'est ni sous la dépendance administrative, ni judiciaire.

Loret, *Elémens de la science notariale*, tom. 1, p. 463, dit : « Sous l'ancienne législation, les notaires ont obtenu une grande quantité d'arrêts, qui dans les cérémonies publiques leur ont donné le rang qu'ils devaient avoir parmi les officiers de la juridiction; mais aujourd'hui que le notariat forme une corporation à part, il lui faut une place hors du tribunal civil. Il doit être, dans les cérémonies publiques, ce que sont : le corps municipal, les tribunaux de commerce et les autres corporations judiciaires ou administratives qui ont une existence légale et indépendante.

C'est à raison du rang qui leur était assigné, qu'ils portaient autrefois un costume.

Pourquoi donc le corps des notaires, sensible à cette haute marque de distinction qui jadis lui était déférée, ne se déterminerait-il pas à faire revivre ces prérogatives, qui avaient pour but de le main tenir dans la respectueuse considération qui doit l'environner, et à revendiquer leur droit de préséance dans les cérémonies publiques, comme les autres corps ?

Le notariat est donc une autorité à lui seul, puisque dans l'exécution de ses actes, il donne l'authenticité et la force exécutoire. C'est par le ministère des notaires qu'agit l'autorité publique (Garnier-Deschenets, n° 28).

Il est constant que d'après toutes les prérogatives qui l'environnent, le notariat est, comme nous l'avons déja dit, une autorité. Cette autorité n'a jamais pu, et ne peut même être transmise qu'à une certaine quantité de personnes. Les temps les plus orageux de toutes nos révolutions ont toujours respecté et compris ce principe ; c'est du reste le plus bel éloge qui puisse s'adresser au notariat, pour en faire comprendre sa haute et grave importance.

Nous devons conclure avec **M. Toullier**, tom. 6, n° 211, que le notariat actuel est une délégation *immédiate* de la puissance publique, et non une émanation du pouvoir judiciaire.

Le mot d'officier ministériel ne doit s'appliquer qu'à ceux dont les fonctions sont sous la dépendance de l'administration de la justice : on objecterait vainement que comme les avoués, greffiers, huissiers, les notaires doivent prêter leur ministère, lorsqu'ils en sont requis. L. du 25 ventôse an XI, art. 3. Mais les juges aussi sont tenus d'accorder leur ministère, qui est de rendre la justice, Cod. civ., 4.

Cette question que j'élève, n'a nullement trait à la question de propriété d'offices, qui, de même qu'aux notaires, appartient à tous les officiers ministériels; la qualification de fonctionnaire public que j'accorde aux notaires, a pour but de les affranchir de cette dépendance des juges que l'on pourrait leur supposer, dépendance de laquelle ne sont pas affranchis certains officiers ministériels.

Du reste, cette distinction a été implicitement reconnue par un arrêt de la Cour de cassation du 25 août 1829 ainsi conçu :

« Attendu que du rapprochement des disposi-
» tions législatives, qui soumettent à la surveillance
» du ministère public les *fonctionnaires publics* et

» les officiers ministériels, et notamment des art.
» 53 de la loi du 25 ventôse an XI et 45 de celle
» du 20 avril 1810, il résulte que les chambres
» des notaires ne sont point exemptes de cette sur-
» veillance. »

Ainsi, les notaires sont des *fonctionnaires publics,*
et cette qualification est même, d'après la loi du
25 ventôse an XI, art. 47, la seule qui puisse leur
être justement appliquée.

Après la révolution de 1830, des pétitions furent adressées à la chambre pour demander la liberté des offices, etc. : comme ces demandes, qui
furent alors reconnues si contraires à l'ordre public, à l'intérêt privé, à la société entière, pourraient se renouveler, il est bon que je transcrive
ici le rapport fait par le président de la commission,
à la chambre des pairs, le 22 janvier 1831.

« Si les auteurs de cette pétition, a dit M. le rapporteur de la commission des pétitions à la Chambre des Pairs, le 22 janvier 1831, eussent étudié
dans l'histoire de nos dernières années celle des
deux institutions qu'ils attaquent, ils auraient appris
que les théories qu'ils présentent ne sont pas nouvelles, qu'elles ont été essayées, au moins pour les
avoués ; que c'est pour échapper aux nombreux abus
qu'elles avaient fait naître, que dans l'intérêt de la

société, la législation a été fixée par rapport aux avoués et aux notaires de la manière dont elle l'est aujourd'hui, et avec les garanties auxquelles sont assujetties ces institutions.

» On conçoit très-bien l'intérêt que les pétitionnaires auraient à obtenir la loi qu'ils sollicitent ; mais votre commission, dont l'opinion ne peut se former que dans l'intérêt général de la société, n'a pu voir dans cette pétition que la proposition d'ouvrir à une foule avide de travail et de fortune une carrière dans laquelle viendraient échouer la fortune des uns, le talent et la réputation des autres, quelquefois leur honneur, une carrière enfin qui bientôt ne serait couverte que de débris.

» La pétition repose sur une erreur grave, erreur qu'il importe de signaler, et que les pétitionnaires n'auraient point commise, s'ils eussent étudié l'origine et l'histoire du notariat, depuis sa première pensée dans les *Judices chartularii* de Charlemagne et les établissements de saint Louis, jusqu'aux lois de 91 et de l'an xi ; si, en passant, ils eussent lu l'excellent exposé des motifs de cette dernière loi, dans lequel sans doute ils eussent remarqué cette pensée : « que l'étude des lois étant un élément nécessaire à l'instruction de l'homme qui se destine au notariat, le seul moyen de l'utiliser par l'application, dépend essentiellement et presque uniquement de l'expérience. » Cette erreur dont j'ai parlé tout à l'heure consiste à confondre les privilèges personnels que repousse notre état social, avec les garanties qu'il exige de la part de ceux qui exercent dans la société des fonctions nécessaires.

» Aux termes de la loi, les notaires sont des fonctionnaires publics chargés de recevoir les actes auxquels on veut donner l'authenticité des actes de l'autorité publique. Des devoirs, beaucoup plus que des privilèges, résultent pour eux du caractère légal qui leur est attribué : les privilèges sont pour leurs actes, les conditions pour leurs personnes; en effet, est-ce un privilège personnel qu'une résidence obligée que le notaire ne peut changer, sous peine de destitution? Sont-elles un privilège ces limites posées à l'exercice de leurs fonctions, sous peine, s'ils les dépassent, d'encourir la suspension, la destitution, et même des peines infamantes, si l'infraction les entraîne dans une faute plus grave? Est-ce un privilège que d'être assujetti à fournir un cautionnement? Il serait difficile de voir dans ces conditions autre chose que ce qu'elles sont, des garanties.

» On sait combien de malheurs de fortune peut entraîner l'imprudence d'un notaire, malgré la surveillance des chambres de discipline, si honorables dans leurs soins pour prévenir ou réparer ces malheurs; comment, après une telle expérience, pourrait-on proposer au Gouvernement d'abandonner le notariat au libre concours et au rabais d'une concurrence illimitée !

» Si, passant à des considérations d'ordre moral, on vient à considérer les notaires comme les juges volontaires des parties, comme les confidents et les conseils de leurs clients, dans les affaires les plus délicates, les dépositaires des secrets de famille, si on les voit préparant les contrats de mariage, constatant les donations entre vifs, recevant les dernières volontés des mourants, on conçoit l'importance de telles fonctions sociales, et on se demande ce que deviendraient tant d'intérêts divers, ce que deviendrait la confiance qui en a formé les dépôts au travers des générations, si les vœux imprudents des pétitionnaires étaient réalisés. »

L'office était *anciennement* défini dignité ayant puissance publique. (Loyseau, *des offices*, liv. 2, n° 12 et suiv).

L'inamovibilité en a toujours été reconnue et sanctionnée par une foule d'édits, ordonnances, lits de justice, etc. C'est sous Philippe-le-Bel que la vénalité des offices s'introduisit en France; tour-à-tour abolie et rétablie sous les règnes de Charles VII, Charles VIII, Henri III, François 1er, Henri IV; elle se maintint sous Louis XIII, Louis XIV, Louis XVI.

La vénalité fut reconnue de droit commun, et considérée comme constituant un droit de propriété dans les mains des titulaires, transmissible à leurs héritiers. Il n'y a jamais eu que le titre qui n'aie pas appartenu au titulaire, il était du roi, de qui on le tenait. Mais quelque différence qu'il y ait eu entre la finance (prix d'achat), et le titre, il fallait pour obtenir l'un être réel propriétaire de l'autre ; la démission ou la mort du titulaire faisait toujours rentrer le titre dans les mains du prince ou des seigneurs, mais non le prix d'achat, qui était considéré comme un fonds de commerce.

Les plaintes qui s'étaient soulevées dans le temps avaient trait à la vénalité des charges de judicature, parce que ces offices étaient exclusivement des fonctions publiques. Leur valeur dérivait de la concession faite par l'Etat : ni le travail, ni la probité des titulaires ne pouvaient accroître cette valeur indépendante du mérite personnel de l'individu ; mais jamais ces plaintes ne pouvaient s'adresser aux offices des notaires, qui résumaient leur puissance publique dans la clientelle, fruit de leur travail et de leur activité. Pour ces derniers, il n'y a jamais eu la moindre réclamation : c'est ce qui faisait dire à Montesquieu : « que la vénalité est bonne en » ce qu'elle fait faire comme *un métier de famille*, ce » qu'on ne voudrait pas entreprendre dans la seule » vue du bien public. » (*Esp. des lois*, *liv.* 5, *ch.* 19.)

Voici ce que disait Loyseau, considérant l'hérédité des offices de notaires comme une mesure d'intérêt public : (*Des offices, liv.* 2, *ch.* 2, *n°* 9.) « il me sem-
» ble , dit-il , que cette invention de rendre ces sor-
» tes d'offices héréditaires , n'est pas du tout sans
» raison , parce que par le moyen de l'hérédité de
» ces offices , il y a plus d'assurance de la foi publi-
» que et du bien d'un chacun en particulier, dont les
» greffiers et les notaires sont comme les gardiens
» et les dépositaires, et surtout parce que par leur
» continuation en une même famille, leurs minutes
» sont plus sûrement gardées , plus aisées à trou-
» ver et moins sujettes à être égarées ou diverties. »

Deux titres étaient nécessaires pour acquérir un office :

1° La procuration *ad resignandum.*

2° L'autre, pour la finance qu'on appelait contrat ou traité.

L'effet de la procuration *ad resignandum*, était de faire revenir au roi , après la démission du titulaire, le titre lui-même, dont il n'était sensé n'avoir que la jouissance, et duquel il ne pouvait diposer sans l'autorisation royale.

Ce contrat opérait la transmission du droit de l'office aux mains de l'acquéreur, mais non de l'office lui-même. C'est du reste la disposition conforme qu'adopta deux ans après le législateur, en 1772.

« La nomination des offices étant un attribut es-
» sentiel et inséparable de la souveraineté, il a été
» ordonné qu'il ne pourra en être transmis aucun
» de quelque nature qu'il soit, d'un titulaire à un
» autre, par résignation ou démission, que de l'a-
» grément de Sa Majesté, et que lesdites démissions
» n'aient été par elle admises. » (Arr. du cons., 6 juillet 1772, art. 17.)

Si l'office n'était pas intégralement payé au vendeur, il avait pour le prix ou le restant du prix de la vente, un privilége sur son office, comme son gage ou sa propriété encore due. Plus loin nous verrons *au paiement d'un office*, la même analogie avec cette même jurisprudence.

Comme tout le droit venait de la provision, la lésion, même celle d'outre moitié, n'était de nulle considération dans la vente d'un office. (Loyseau, liv. 8, ch. 2, n° 28.)

Cette remarque est essentielle, attendu qu'alors les offices étaient rangés dans la classe des immeubles. Même analogie encore, quant à la lésion, avec la nouvelle jurisprudence, ainsi que nous le verrons plus loin.

Bourjon dit que le vendeur d'un office d'alors, était tenu de garantir la vente. Néanmoins, tant que l'acquéreur n'avait pas reçu ses provisions, le vendeur, par un acte appelé *regrès*, pouvait faire résilier la vente, sauf dommages-intérêts dus à l'acquéreur.

On entendait par *regrès* le droit de rentrer dans l'office qu'on avait cédé par la révocation de la procuration *ad resignandum*, ainsi que du traité obligatoire de cession.

Des offices de 1789 à 1816.

D'après la loi du 25 ventôse an **XI** (art. **2**), les notaires furent institués à vie : déjà à cette époque, les motifs qui doivent faire considérer les charges des notaires comme une véritable propriété entre les mains des titulaires, et qui plus tard ont servi de fondement à l'art. 91 de la loi du 28 avril 1816, furent appréciés avec la plus grande sagesse, la plus juste impartialité.

Voici ce que disait dans l'exposé des motifs de la loi du 25 ventôse an **XI** l'orateur du gouvernement :

« C'est aussi une *propriété* sans doute que cette confiance méritée, que cette clientelle acquise par une vie entière consacrée à un travail opiniâtre et pénible. Mais si, dans la place qu'il occupe, le fonctionnaire ne peut jamais espérer de pouvoir, en aucune manière, disposer de cette propriété; s'il ne peut avoir une influence, même indirecte, sur la disposition qui en sera faite; si, comme dans le système du concours, il est convaincu que toutes les peines qu'il se donne ne profiteront qu'à lui seul, que jamais son fils ou l'homme dont il aura soigné l'instruction, qui aura secondé ses travaux, agrandi ses succès, ne pourront retirer le moindre profit de ses veilles, il se regardera *comme un simple usufruitier*, et il exploitera son emploi comme l'usufruitier exploite la terre dont un autre a la nue-propriété. Le concours enlevait ainsi aux notaires *un des grands motifs de travail et d'émulation*, une des plus douces consolations de la vie, et peut-être le lien le plus fort qui puisse attacher l'homme à la probité, à sa réputation. »

Cet exposé résume à lui seul tout ce qu'on pourrait en dire : c'est la plus belle et la plus juste perspective que l'on puisse offrir au père de famille que celle de lui garantir le prix de sa vertu, de ses affections, de son patriotisme; la société entière ne repose-t-elle pas sur la conduite, la probité des citoyens, sur le bien qui doit les unir réciproquement, et la loi humaine ne doit-elle pas, comme la loi divine, garantir à l'homme, une fois arrivé à la fin de sa carrière, qu'il a honorablement remplie, une quiétude de bonheur, une récompense méritée, qui fasse que rien ne puisse saper son édifice de famille ; où trouver ailleurs ce repos, si ce n'est dans la jouissance paisible et tranquille de vos épargnes, dans la réussite des vôtres ; par la continuation successive des membres de votre famille dans le chemin de l'honneur que vous leur avez si noblement tracé.

Des offices depuis la loi de 1816.

Plus nous avançons dans la civilisation, plus nous trouverons cette bienveillante et nécessaire sollicitude pour les offices, qui ont fini par se rattacher tellement à l'ordre social entier par leur nature même, qu'ils en sont devenus aujourd'hui une liaison si intime qu'on ne pourrait les attaquer sans gravement compromettre la société.

En effet, quel état, quelle industrie, quel commerce, peuvent-ils être comparés aux offices des notaires, avoués, avocats à la cour de cassation, agents de change, etc., en rapport avec l'intérêt matériel des masses ? Le notariat n'est-il pas un sacerdoce sacré ? n'est-il pas vrai de dire que si le prêtre est l'homme de Dieu, le notaire est l'homme de la société ?

Quel est le foyer domestique qui n'a pas ses secrets, sa fortune, son avenir même, quelquefois, livrés à l'entière confiance d'un notaire. Depuis le premier acte de celui qui entre dans la société (le contrat de mariage) jusqu'au dernier (le testament ou la donation entre-vifs), n'en a-t-il pas le dépôt sacré ; le produit de vos épargnes, que vous convertissez en placements, en acquisitions, etc.; les hérédités directes ou collatérales que vous recueillez, en quelles mains la loi vous oblige-t-elle à les déposer ? Aux notaires. La validité de ses actes n'est-elle pas éternelle ? n'est-ce pas plutôt votre véritable et réel titre de propriété que la possession de vos immeubles? Forcé que l'on est donc de recourir aux notaires pour tous les actes les plus importants de la vie civile, ne faut-il pas l'entourer d'une confiance absolue, illimitée, entière, que rien ne puisse atteindre, qu'aucune malveillance ne puisse attaquer, que nulle méfiance n'entoure ? Cette confiance morale ne prend-elle donc pas sa véritable origine dans la nature même du notariat, plutôt que dans l'exercice pratique, qui ne fait que la corroborer. L'inamovibilité, qui a toujours été reconnue, n'est-elle pas une preuve des plus manifestes de l'indépendance qui entoure sa profession; et cette sphère de confiance, autour de laquelle rayonnent les intérêts de toutes les familles, ne doit-elle pas être pour ce sacerdoce un rempart inexpugnable, une forteresse, non-seulement inattaquable, mais que l'on doit même respecter, attendu que derrière elle se trouve ce puissant faisceau social, au centre duquel chaque famille a son lien.

Voilà de bien puissantes et justes considérations morales qui doivent déjà servir d'égide au notariat : je ferai plus bas la description des garanties matérielles, et je ferai valoir la nécessité absolue, indispensable, de leur existence, pour conserver la tranquillité, le repos et la sûreté des familles. Ce sont du reste les seules que l'on puisse invoquer, aujourd'hui surtout que la confiance morale est si susceptible de subir des atteintes.

L'art. 91 de la loi sur les finances, du 28 avril 1816, est ainsi conçu :

« Les avocats à la Cour de cassation, notaires,
» avoués, huissiers, greffiers, agents de change,
» courtiers, commissaires-priseurs, etc. , pourront
» présenter à l'agrément de sa majesté des succes-
» seurs, pourvu qu'ils réunissent les qualités vou-
» lues par la loi. Il sera statué par une loi sur les
» moyens à prendre par rapport aux intérêts des
» héritiers ou des ayants-cause, etc. »

Ainsi, l'on voit de suite qu'à chaque nouvelle disposition d'une loi, la propriété des offices a toujours été respectée, et que ce n'a été que sur la charge seule que se porte la disposition de la loi relative au successeur.

Ce mode de propriété, à moins d'une confiscation des plus arbitraires, des plus révoltantes, ne peut se faire jamais que par le capital réel de l'étude payé au notaire.

Depuis long-temps, des passions ennemies s'acharnaient contre les offices; mais toujours elles se brisaient devant la raison publique. Aujourd'hui qu'une révolution s'est accomplie, ce n'est pas sans une bien juste douleur que les titulaires ont eu de funestes pressentiments; mais quand l'esprit rentre dans sa véritable sphère, que cette multiplicité de fausses et craintives idées morales qui étaient venues assombrir l'intelligence se sont dissipées, alors on se rappelle que la république, qui est sans contredit de tous les gouvernements le plus beau, mais qui en pratique nécessite des connaissances aussi profondes que des caractères énergiques de la part de ceux qui sont à la tête du pouvoir, ne peut, ni ne veut jeter l'alarme, ni la ruine, dans cent mille familles qui ont pour elles le droit, la justice, la propriété acquise de leur office, au développement desquels les titulaires travaillent avec la plus grande énergie, le plus grand devoir, la plus belle loyauté, dans l'intérêt du soutien de leur famille, dans la vue de l'établissement de chacun de leurs enfans! Et comment pourrait-on venir briser des espérances aussi chères ? Qui voudra assumer sur sa tête la douleur, le désespoir, le malheur, la ruine, la perte de tant de familles, qui en entraîneraient nécessairement d'aussi douloureuses, d'aussi grandes? ce serait une responsabilité incalculable ! Non ! Que quelques esprits subversifs de l'ordre social, dans un intérêt privé, viennent se cramponner à cette idée, c'est possible ; que quelques impures et faibles intelligences en aient conçu la déplorable pensée, c'est encore possible; mais qu'il se rencontre des hommes éminents, supérieurs en intelligence comme en énergie, qui au mépris des droits sacrés de la famille, de son existence, de son avenir, vinssent consacrer la violabilité, la confiscation des offices par un mode de paiement des plus hasardés, des plus désolants, des plus précaires, non ! mille fois non ! Car s'il en était ainsi, ce serait un cataclysme social, une catastrophe des plus effrayantes, le gouffre béant de la banqueroute, dans lequel viendraient s'ensevelir, le désespoir, le suicide, toutes les calamités terrestres.

Toutes ces puissantes et réelles considérations sont sanctionnées, du reste, par tous les législateurs qui se sont successivement prononcés. Ils ont toujours su établir une différence bien notable sur la vénalité des offices, en tant que cela a rapport au droit de propriété et au droit d'hérédité, dans les mains de leurs titulaires. Ils n'ont jamais considéré

les offices des notaires et autres offices ministériels,
comme fonctions publiques, attendu que la valeur
de ces offices repose entièrement sur la confiance et
l'estime dont jouissent les personnes qui les occupent.

Laissant entièrement intactes les prérogatives de
la puissance, le droit de propriété et d'hérédité n'a
pu, ni n'a jamais été contesté. Les dispositions de
la loi de 1816 sont la consécration pratique de ce
droit puissant; mobile de l'honneur et de la probité
des titulaires, patrimoine le plus cher et le plus
noble qu'un père puisse transmettre à ses enfants,
qu'aucune loi au monde ne peut lui arracher; car
l'honneur, comme la vertu, sont des dons du ciel,
que rien ne peut atteindre, et que, dans leur transmission héréditaire, la loi doit protéger. — Le tribunal de Mirande a décidé, le 21 août 1835, que :
« Les titulaires ont à leur office un droit *réel de propriété*, d'où l'on doit forcément conclure que la loi
du 28 avril 1816 a réellement rétabli à leur profit,
la vénalité des charges, qui n'est autre chose qu'une
conséquence du droit de propriété. Il y a là, en
effet, un droit de propriété, en ce sens qu'il fait
partie du patrimoine du titulaire de l'office, et qu'il
peut stipuler un prix pour la présentation d'un successeur dont la loi lui accorde la faculté.

On reprochait à cette loi de constituer un privilège
dans les mains des titulaires d'offices Voici sur ce

point l'extrait d'un rapport fait à la Chambre des Pairs , dans la séance du 22 janvier 1831 : « L'erreur des pétitionnaires consiste à confondre les privilèges personnels que repousse notre état social , avec les garanties qu'il exige de la part de ceux qui exercent dans la société des fonctions nécessaires. Ainsi , les conditions imposées aux notaires et aux avoués ne sont point des privilèges personnels , mais bien des garanties pour les citoyens ; obligés d'employer leur ministère dans la conduite de leurs propres affaires ou dans leurs rapports entre eux , les pétitionnaires auraient pu observer qu'en suivant un peu plus loin l'application de leurs principes contre les privilèges des avoués , dont ils proposent de rendre la profession libre, on arriverait à demander que ceux-ci eux-mêmes fussent mis de côté , pour faire place à chaque citoyen, venant lui-même introduire son instance devant les tribunaux. » (Art. 7339, J. N.).

Plus tard , le 29 octobre 1831 , dans un rapport fait à la même Chambre pour le maintien de la loi du 28 avril 1816 , voici les considérations dues à la foi publique et au respect relatif au droit acquis que le rapporteur fit valoir :

« Vous savez , a dit M. le rapporteur , que , dans l'état actuel de notre législation , la transmission des offices est régie par la loi des finances du 28 avril

1816. A cette époque, le Gouvernement éprouva le besoin de ressources pécuniaires extraordinaires, et pour se les procurer, il conçut l'idée d'assujettir tous les officiers ministériels à verser au trésor une certaine somme, sous le titre de supplément de cautionnement. Pour les indemniser de ce prêt, le Gouvernement concéda à tous les titulaires la faculté de présenter leurs successeurs, en se réservant seulement le droit d'examiner, dans l'intérêt public, si les candidats présentaient des garanties suffisantes de capacité et de moralité. C'est ce qui résulte de l'art. 91 de la loi du 28 avril. Il est donc vrai de dire qu'à partir de la promulgation de cette loi, les charges d'officiers ministériels sont devenues, entre les mains des titulaires ou de leurs successeurs, de véritables propriétés, tout aussi respectables que des propriétaires d'une autre nature; et depuis plus de quinze ans qu'elle est en vigueur, sous la garantie de ses promesses, il a été passé de bonne foi un nombre infini de traités et d'actes de famille où ces offices sont entrés pour une valeur très-considérable.

« Dans cet état de choses, il a paru évident à votre commission qu'on ne saurait aujourd'hui remettre les offices ministériels à la libre concurrence, ainsi que le demande le pétitionnaire, sans renverser une infinité d'existences sociales, qu'une sage politique commanderait encore de respecter, lors

même qu'elles ne seraient pas placées sous l'égide
inviolable de la foi publique. » (Art. 7566, J. N.).

M. Dupin, encore procureur-général à la Cour
de cassation, réfuta dans le comité secret de la
chambre des députés, en 1829, la déchéance pré-
tendue du gouvernement par le droit de présentation concédé aux titulaires, voici ce que ce magis-
trat éminent disait :

« Le droit des notaires, a-t-il dit, de présenter
leurs successeurs à la nomination royale n'est point
une nouveauté ; il a existé autrefois, comme à
présent, et jamais on n'y a vu une diminution de
la prérogative royale. En effet, le notaire ne vend
pas la puissance publique qui lui fut déléguée; elle
n'est pas sa propriété : il n'en est que dépositaire :
mais il vend sa pratique et ses minutes, c'est-à-dire
le fruit de son travail. Ce droit devient aussi le premier mobile d'une louable émulation, puisqu'une
étude vaudra d'autant plus que le titulaire aura dé-
ployé plus de mérite et de probité dans l'exercice
de ses fonctions. Heureuse situation qui rappelle
sans cesse au père de famille qu'une vie honorable
est pour lui un moyen infaillible d'accroître son patrimoine ! tandis qu'une conduite déloyale entraîne-
rait sa ruine; car le notaire destitué est privé du
droit de présentation. » (Art. 7516, J. N.).

Tout commentaire est complètement inutile devant une argumentation, empreinte d'une logique aussi puissante, dérivant surtout d'un législateur aussi élevé et si digne de la place qu'il occupe encore.

Du droit de présentation et de ses effets.

A qui appartient ce droit? *aux veuves et héritiers* du défunt, comme au titulaire lui-même (Favart, *répert.* v° *notaire*, sect. 6 , n° 5 bis). Ce droit a aussi été consacré par plusieurs arrêts de Cours royales, cassation, et reconnu même dans le rapport fait à la Chambre des députés le 28 septembre 1830 (art. 7249. J. N.).

Le cas de présentation qu'il est même permis de stipuler par testament, n'est pas accordé au notaire destitué ; mais cependant comme les rapports qu'il y a entre le notaire et les tiers peut porter à ces derniers une grave atteinte, le gouvernement, prenant en considération les intérêts de ceux-ci, choisit et nomme pour remplacer le notaire destitué parmi les candidats qui sont désignés par les créanciers ou d'office parmi les magistrats. Ces candidats sont obligés de payer aux créanciers la valeur de l'office, comme s'ils étaient appelés à succéder au titulaire.

Ce droit de présentation, ainsi reconnu et sanc-tionné par la jurisprudence, vient encore corroborer le principe de l'inviolabilité de la propriété de l'office, une fois concédée par le gouvernement et démission faite par le précédent titulaire. La cour royale de Rennes, le 28 février 1833, (art. 8680, J. N.), a déclaré que celui qui est nommé en remplacement d'un notaire décédé, sans avoir été présenté par les héritiers de ce titulaire, est néanmoins tenu de leur payer la valeur de l'office.

Ceci m'entraîne nécessairement aux effets de cessions d'offices.

Le premier principe à poser dans l'intérêt du titulaire est celui-ci :

La faculté de présenter un successeur concède-t-elle au titulaire le droit de fixer un prix pour la cession de son office ?

Il serait anormal de supposer le contraire; nous avons dit plus haut la différence qui existait entre la charge qui appartient de droit au gouvernement, et la propriété acquise de cette même charge, qui se développe en raison directe de la loyauté, et de la confiance publique que sait inspirer le titulaire.

Trois arrêts de la cour de Cassation ont, du reste, consacré ce principe inviolable.

Le premier est du 20 juin 1820. Il est ainsi conçu :

« La Cour... ; — Vu l'art. 91 de la loi du 28 avril 1816; Attendu, 1° que cet article attribue aux greffiers des tribunaux et aux autres officiers ministériels la faculté de présenter des successeurs à l'agrément du roi, comme un dédommagement de supplément de cautionnement exigé d'eux; que, par une conséquence naturelle, cette disposition autorise les arrangements ou conventions nécessaires pour l'exercice de cette faculté; qu'ainsi, le sieur G., pourvu du titre de greffier près le tribunal de première instance de Meaux, a pu traiter valablement avec le sieur L. pour le présenter, comme son successeur, à l'agrément de sa Majesté;

« Attendu, 2° que le sieur L. a traité, en parfaite connaissance de cause, pour le prix de 30,000 fr. ; qu'il a été nommé par le roi aux fonctions de greffier du tribunal de Meaux; qu'il les a exercées et les exerce encore; qu'il a exécuté son engagement envers son prédécesseur par le paiement de la moitié du prix convenu; que la circulaire de M. le garde-des-sceaux, du 21 février 1817, *instructive* et non *prohibitive*, ne pouvait autoriser la résiliation ou la réduction d'un traité fait de bonne foi, et exécuté en partie de part et d'autre; que, d'ailleurs, la circulaire citée ne saurait être obligatoire pour les tribunaux;

4

« Attendu, 3° qu'il a été reconnu, en première instance et en appel, qu'il n'y avait eu , de la part du
sieur G. , ni dol , ni fraude , etc ; — Rejette. »

Deuxième arrêt, rendu le 13 novembre 1823 :

« La Cour... ; — Attendu que le traité qui fixe les
conditions de la démission appartient au droit civil ,
que , sous ce rapport , la connaissance des difficultés
auxquelles ce traité peut donner lieu est du ressort
des tribunaux civils. »

Troisième arrêt , rendu le 28 février 1828 :

« La Cour... ; — Sur la première partie du premier moyen , — Attendu , en droit, que les conventions *particulières* sur des intérêts *privés* des parties
sont exclusivement de la compétence des tribunaux ;
qu'en vertu de l'art. 91 de la loi du 28 avril 1816
les notaires *pouvant* présenter à l'agrément de Sa Majesté leurs successeurs , pourvu qu'ils réunissent les
qualités exigées par les lois, *peuvent* , par cela même , stipuler de ces derniers le *prix de la démission*
qu'ils donnent en leur faveur , stipulation qui rentre
essentiellement dans la classe des conventions *particulières* dans l'intérêt *privé* des parties;

« Et attendu , en fait, que Chenot, par contrat du
15 janvier 1824, s'est engagé, moyennant une certaine somme , à user du droit que lui conférait l'art.

91 de la loi du **28** avril **1816**, et à donner, après le laps de *cinq* ans, sa démission en faveur de Malteste, lequel s'est engagé à faire, de son côté, toutes les diligences et démarches nécessaires pour obtenir du Gouvernement la nomination aux fonctions dont Chenot se serait démis en sa faveur; que, par un *second* contrat, du 1ᵉʳ août **1826**, Chenot s'est obligé de donner, *dès le lendemain,* sa démission en faveur de Malteste, qui s'est obligé, à son tour, d'ajouter à la somme déjà convenue celle de **5,000** fr.; qu'ainsi, ces *deux* contrats ne présentant que des conventions *particulières* dans l'intérêt *privé* des parties, les juges ont dû (comme ils l'on fait) se déclarer *compétents* pour statuer sur les contestations *relatives* à ces mêmes contrats;

Sur la seconde partie du moyen; — Attendu, *en droit,* qu'il n'est pas permis aux juges de se mettre en *opposition* avec les décisions ministérielles rendues sur les présentations faites par les notaires de leurs successeurs à l'agrément de Sa Majesté; mais, attendu, *en fait,* que par la décision ministérielle, du **11** décembre **1826,** l'agrément de Sa Majesté n'a été déclaré refusé que sur les *deux* contrats, des **15** janvier **1826** et 1ᵉʳ août **1826,** *réunis ensemble*; tandis que, d'après la disposition de l'arrêt attaqué, qui *maintient uniquement* le *premier* contrat du **15** janvier **1824,** c'est *uniquement* sur ce même contrat que l'agrément de Sa Majesté peut être demandé;

qu'ainsi, les *éléments et la cause* de la demande n'étant point *les mêmes*, aucune contradiction ne peut exister entre l'arrêt et la décision ministérielle du 11 décembre 1826 ;

« Sur le deuxième moyen ; — Attendu que, pour décider que les *deux* contrats, des 15 janvier 1824 et 1er août 1826, n'étaient point *indivisibles*, et que le *premier* pouvait et devait être exécuté, *indépendamment du second*, de la même manière qu'il l'aurait été, si ce *second* contrat n'avait jamais été consenti, l'arrêt attaqué n'a fait qu'*apprécier* ces mêmes contrats, la volonté des contractants, les faits et circonstances de la cause, appréciation que la loi abandonne aux lumières et à la conscience des juges ; — Rejette. »

Nous trouverons encore une foule d'autres principes qui consacrent d'une manière explicite l'inviolabilité de la propriété.

Ainsi, toutes les fois qu'un titulaire a déjà donné sa démission en faveur d'un cessionnaire, celui-ci n'a d'action devant les tribunaux qu'en dommages-intérêts contre le cédant, pour défaut d'exécution du traité. C. Aix, 5 janvier 1830, (art. 7468, J. N.) et réciproquement.

Un notaire ne peut être privé de ses fonctions que dans le cas et la manière prévus par la loi du 25 ventôse an XI. Hors ce cas, il peut toujours rentrer dans la plénitude de ses droits, tant que son successeur n'a pas été nommé.

La Cour royale de Bordeaux, le 7 mai 1834, (art. 8597, J. N.), a rendu un arrêt très-important, relativement à la cession d'un office, elle a déclaré et jugé que :

« La cession d'un office peut s'établir au moyen de présomptions graves, appuyées d'un commencement de preuves par écrit. »

Ce commencement de preuve par écrit doit-il être signé ou non ?

La Cour suprême a rendu le 3 décembre 1818, un arrêt d'après lequel *tout acte par écrit* n'a pas besoin d'être signé par la personne de laquelle il émane.

J'arrive maintenant au privilège qui s'établit en faveur du titulaire contre le cessionnaire d'un office.

Du paiement du prix.

Les offices sont considérés comme meubles; en partant de ce point, je crois nécessairement me rapporter à l'art. 2102 du Code civil; plusieurs contestations se sont soulevées maintes fois sur le motif que, d'après l'art. 2102 Code civil, n° 4, le privilège du vendeur d'effets mobiliers ne peut s'exercer que sur les effets qui *sont encore en la possession du débiteur*. Or, la charge, disait-on, n'est pas en sa possession dès qu'il l'a vendue, et que le titre en a été effectivement transmis à un nouveau titulaire. La Cour de cassation, par divers arrêts, s'est prononcée ainsi sur le privilège résultant de la cession d'un office en faveur du titulaire.

Voici l'arrêt : « Attendu que, s'il est vrai qu'un
» notaire n'ait pas la pleine propriété de son titre,
» et que ce soit une fonction qui ne puisse être
» exercée qu'avec le consentement du prince, il
» est vrai aussi que le concours des deux volon-
» tés, légalement autorisé par la loi du **28** avril
» **1816**, a été, depuis cette loi, constamment re-
» connu ; et le droit de désigner un successeur au
» titulaire décédé, est même reconnu à ses héri-
» tiers. Peu importe donc le concours des deux
» volontés, c'est toujours un contrat de vente où
» se trouvent les trois choses essentielles de ce con-
» trat, *res, pretium, consensus;* d'où il résulte que
» la chose vendue étant certaine, reconnue, et
» encore en la possession de l'acquéreur, le vendeur
» qui n'en a pas reçu le prix peut facilement exer-
» cer le privilège naturel et juste du vendeur sur
» la chose vendue, si d'ailleurs la loi l'y autorise;

» que l'art. 2102 déclare, § 4, créance privilégiée,
» le prix d'effets mobiliers non-payés, s'ils sont
» encore en la possession du débiteur, et qu'il se
» réfère nécessairement aux articles 529 et 535,
» d'après lesquels les droits incorporels sont réputés
» meubles, sous la dénomination d'effets mobiliers,
» puisque la même expression est littéralement em-
» ployée par le législateur dans les articles 535
» et 2102, § 4; ce qui n'est, au surplus, que la
» conséquence de l'art. 516, qui porte que tous
» les biens sont meubles ou immeubles; attendu
» qu'une étude de notaire, qui n'est évidemment
» pas un immeuble, se trouve nécessairement clas-
» sée dans la loi, sous l'expression d'effets mobi-
» liers (art. 528). (Arrêt du 16 février 1831. Sirey,
» 31, 1, 74.) *Voyez*, dans ce même sens, un arrêt
» de la Cour de Lyon du 9 février 1830. (Sirey,
» 30, II, 227.) La Cour de Paris, la Cour de
» Bordeaux et le Tribunal de la Seine ont même
» jugé que ce privilège s'étend à l'*indemnité*, que
» le gouvernement fixe en cas de destitution, et qui
» doit être payée par le nouvel institué, comme
» représentant la valeur de l'office. (Arrêts de la
» Cour de Paris du 11 décembre 1834. Sirey, 35,
» II, 112; et des 2 décembre 1842 et 21 mars
» 1843. Sirey, 43, II, 146.) — La même Cour de
» Paris a jugé que le vendeur d'un office, a privi-
» lège même sur le prix des reventes successives
» de cet office, lorsque ces reventes ont eu lieu

» sans son consentement, malgré une clause pro-
» hibitive de la vente originaire, et si, d'ailleurs,
» il a fait tout ce qui était en son pouvoir pour la
» conservation de son privilège; elle a pensé qu'il
» peut l'exercer malgré la faillite de son débiteur,
» mais qu'il ne s'étend pas au produit des recou-
» vrements cédés à l'acquéreur d'une manière dis-
» tincte du titre et à des conditions particulières.
» (Arrêt du 23 mai 1838. Sirey, 38, II, 264.)
» — Ce qu'il faut bien remarquer ici, c'est que tout
» ce qui s'appliquait autrefois, même en cas de
» faillite, ne s'y applique plus aujourd'hui : l'article
» 550 du Code de commerce, modifié par la loi du
» 28 mai 1838, est en effet conçu en termes bien
» explicites sur ce point. Art. 550 : Le privilège et
» le droit de revendication, établis par le n° 4 de
» l'art. 2102 du Code civil au profit du vendeur
» d'effets mobiliers, ne seront point admis en cas
» de faillite. Voyez dans le Code de commerce, sous
» ledit article 550, les motifs qui ont fait introduire
» cette exception. »

Par privilège on entend le droit d'être payé par
préférence à des créanciers ordinaires, non pas pré-
cisément sur la chose même, ce qui conduirait nécessairement à l'exercice d'une action en revendication,
mais *sur le prix* de cette chose, lorsque là vente en
est faite par ou contre le débiteur (Cod. c. 2093).
La Cour royale de Paris, 11 décembre 1834, a

décidé que l'office doit être considéré comme étant encore en la possession du vendeur, lorsqu'il n'en a pas reçu le prix.

L'art. 2095 dit : Que le privilège est un droit que *la qualité de la créance* donne à un créancier d'être préféré aux autres créanciers, même hypothécaires.

La loi n'est autre chose que la raison écrite ; quiconque irait chercher une fausse interprétation dans une de ses dispositions, interprétation qui serait contraire à l'équité, à la justice, fausserait singulièrement toutes les tendances législatives.

Les privilèges ne sont point une faveur personnelle ; ils prennent toutes leurs forces dans la nature de la créance, soit mobilière soit immobilière ; c'est un droit rigoureux que la loi concède et que les tribunaux doivent toujours sanctionner. Nulle convention ne peut les détruire, nulle convention ne peut l'établir là où il ne peut pas être, ni en augmenter l'étendue ; quel plus grand privilège peut-il y avoir que celui du vendeur qui n'a pas encore reçu le prix de ce qu'il a vendu ? Serait-il possible de vendre, de céder un office, si la loi n'en protégeait pas, par le privilège, les droits du cédant ; car il est presque impossible que le cessionnaire ait son argent tout prêt, à la disposition du titulaire ou de ses héritiers ; et si ce dernier ou ses ayant-cause n'ont plus le droit le lendemain de se faire payer du prix de l'office qu'ils ont livré la veille, sous quelles lois draconiennes vivrions-nous?

Mais, non, aucune loi ne consacre une pareille doctrine, aucun législateur ne l'a soutenue; tous les arrêts des Cours royales et Cours de cassation ont été unanimes sur ce point de présentation, et sur la propriété de l'office; notre siècle de lumière et de philanthropie ne pourra reculer, et surtout faire planer par une législation nouvelle, et trop précipitée, le désespoir sur une infinité de familles.

De la fixation du prix et du paiement.

Aucun office ne pouvait être anciennement vendu, soit en justice, soit autrement, au-delà du prix fixé par les rôles, ou l'état général, établis à la chancellerie; entièrement basée sur la valeur originaire de la finance payée au roi par le premier acquéreur de l'office, cette fixation légale des prix des offices, avait été établie par plusieurs édits, notamment ceux des mois de décembre 1665, juillet 1669 et septembre 1771. Plus tard, d'autres édits furent institués, lesquels édits proclamèrent la nullité de tout ce qui pourrait être contraire à ceux que je viens de citer : ils furent du mois d'octobre 1781, et janvier 1782.

Une circulaire du garde-des-sceaux, **21** février **1817**, avait établi des limites dans le prix d'un office. Cette opinion considérée comme erronée, a été depuis reconnue telle, et rejetée par la jurisprudence. Anciennement, le gouvernement qui se réservait le droit de rentrer dans la libre disposition de l'office en remboursant le prix de la finance qu'il avait reçu, avait un intérêt, comme partie au contrat, à ne pas laisser passer la fixation du prix, comme débiteur de la finance, et ensuite dans l'intérêt du nouveau titulaire, qui ne pouvait exiger que le prix de cette finance d'après sa valeur originaire.

Mais à l'égard des offices des notaires, le titre était séparé de la clientelle; c'est de cette clientelle qu'on tirait un prix à part..

Les notaires de Paris suivirent toujours ce système; dans aucun contrat de vente, ils ne supportèrent la moindre atteinte à leur titre de finance, qui fut toujours considéré, pour eux, comme une propriété, ainsi que l'augmentation de l'office, en raison de la clientelle qu'ils avaient su ménager et augmenter.

Denissart (**V** : *office*, n° **82**), disait : « A l'égard » des offices des notaires, le titre était séparé de » la clientelle; c'était le titre qui était sujet à fixa- » tion légale; quant à la clientelle, ou autrement dit » les pratiques, on en tirerait un prix à part. »

Bourjon compare les offices à un fonds de commerce. Tom. 2, pag. 375, et partage les mêmes opinions.

Ces doctrines sont pleines de salutaires engagements, et donnent du moins au titulaire d'un office de notaire surtout, une espérance bien chère. Ne serait-il pas impie, en effet, de vouloir entraver la conduite d'un homme dans la carrière qu'il embrasse ; ne serait-ce pas la plus grande injure faite à la société que de donner pour récompense à ceux de ses membres, après une longue et honorable carrière, une des plus douloureuses déceptions, celle de leur ravir le fruit légitime de leur travail. Quelle pensée assiège le père de famille ? N'est-ce pas celle de travailler pour ses enfants et de leur léguer l'héritage qu'il a conquis souvent au prix de sa santé? N'est-ce pas le bonheur de pouvoir leur transmettre en mourant une existence assurée? Une part à chacun, de ce qui leur revient, pour pouvoir entrer à leur tour dans la société, et continuer la route qu'il leur a tracée. Est-ce qu'aucune loi humaine peut venir en rapport d'intérêt avec ces puissantes et irrésistibles considérations ? Mais à chaque pas, à chaque porte, à chaque minute, partout j'entends dire que le seul moyen de vivre en paix et de garantir à la société une quiétude assurée, c'est de faire espérer à l'homme un avenir de bonheur dans l'intérêt de sa famille, par le travail. Est-ce que

vous pouvez ravir au commerçant les avantages
de la réussite de ses affaires ? Est-ce que vous pou
vez l'empêcher de vendre cent fois au-dessus de sa
valeur le fonds de commerce qu'il a considéra-
blement augmenté , qu'il a entouré d'une clientelle
nombreuse par sa bonne conduite ? Est-ce que vous
pouvez ravir à l'ouvrier le fruit de ses épargnes,
qui au bout de sa carrière ne sont que le résultat
de ses économies et de son travail ? Est-ce que vous
pouvez arracher au médecin , à l'avocat, la clientelle nombreuse qu'ils ont su acquérir par l'étude et
su conserver par leur honorable conduite ?

Si maintenant je me renferme dans l'acception
véritable du mot privilège, ne trouverez-vous pas avec
moi qu'il n'y a pas plus de privilège à acheter une
charge de notaire, d'avoué , d'agent de change, etc.,
qu'un fonds de commerce ? Pourquoi tout le monde
ne peut-il pas être commerçant, médecin , avocat ?
parce que tout le monde n'a pas le privilège d'avoir
de la fortune pour faire ses études; je sais bien qu'à
cela on va me répondre de suite : Mais tout le monde
a le droit d'être commerçant, tout le monde a le
droit de devenir avocat , se faire médecin , etc.
Le nombre n'en est pas limité ! Je vous le concède; mais enfin, le titre d'avocat, celui de médecin , ne prend-il pas sa véritable origine dans un
privilège ? Ce privilège, ne le prend-il pas dans la nature de sa position en venant au monde, et ne doit-on

voir d'autre privilège que dans le titre ? La clientelle n'est-elle pas le prix du travail, la récompense
de la loyauté, un privilège même des qualités phy-
siques et morales, que vous ne pouvez pas arracher
à celui qui a su l'acquérir ; héritage direct de père
à fils, propriété véritable du titulaire qu'il cède à
sa mort, en laissant à celui qui la prend les moyens
de la conserver.

Toutes ces considérations philosophiques et morales ont une corrélation d'idée avec l'état actuel
de la législation. Le titre était autrefois soumis à une
fixation légale ; aujourd'hui c'est la clientelle et le
nombre de minutes qui font le règlement du prix
de transmission d'office.

C'est du reste de la plus grande justice. Y au-
rait-il en effet rien de plus arbitraire et de plus
illégal que de ne prendre en considération que la
valeur de la première clientelle ? Ainsi, telle étude
achetée depuis trente ans, quarante ou cinquante
mille francs, par un notaire, ne vaudrait au bout
de ce temps que quarante ou cinquante mille francs ?
et cependant l'étude aurait doublé, triblé de valeur
par l'augmentation de la clientelle, par la dépré-
ciation du numéraire, par l'augmentation des minutes, conséquence du travail et de la probité ; et
tel titulaire qui aurait exercé ses fonctions d'une
manière toute opposée, qui dans son exercice aura

pu compromettre les intérêts de ses clients , aurait le même avantage que celui qui aurait eu la considération publique en partage ? Mais où serait alors la différence entre le bien et le mal ? Quelle émulation donneriez-vous aux hommes ? Sur quoi donc reposerait la propriété et l'espérance de la famille ?

Voici ce qui a été reconnu dans un rapport fait à la chambre des députés le **28** septembre **1830.**

« Il serait contraire à tous les principes , ainsi
» qu'à l'intérêt public et particulier , de déterminer
» à l'avance le prix d'un office, de le porter sur
» des rôles généraux , de manière qu'il ne puisse
» être dépassé dans les traités que feraient les par-
» ties. (Art. **7249. J. N.**). »

Ce principe renferme en lui-même une justesse d'idées qu'il est bon que je développe.

A mesure que la clientelle d'un notaire augmente, la valeur de son étude augmente aussi ; la confiance qu'il inspire se développe sur une plus grande échelle, et les affaires qu'il traite peuvent tous les jours devenir plus importantes. Tel dépôt qui ne lui aurait peut-être pas été confié le jour de son exercice, lui sera confié plus tard. Tel autre dépôt qui se serait trouvé dans les mêmes conditions encore après, lui sera encore confié, et ainsi de suite.

L'on voit donc qu'aux yeux de la société, de la loi, de l'intérêt public comme de l'intérêt privé, la clientelle est la base du prix d'un office, et qu'à mesure que la clientelle augmente, la valeur de l'étude vient proportionnellement aussi en augmentant. Le titulaire voit donc tous les jours le produit de sa confiance, de sa vertu, accroître le développement de sa fortune. C'est dans cet élément de succès et de prospérité croissante qu'il fixe l'établissement de ses enfans et la sûreté de l'avenir de sa famille, comme la société, de son côté, y trouve la garantie matérielle de ses intérêts les plus chers, les plus sacrés. Comment donc annuler une position sur laquelle repose tant d'autres positions; comment pouvoir espérer prendre pour point de départ le premier état de fixation, sans jeter une perturbation générale au sein des familles des titulaires, et de celles qui, fixant d'elles-mêmes la valeur de leurs offices, lui ont confié des dépôts bien au-dessus de la valeur primitive de son étude?

Que deviendront les intérêts des tiers, qui auront pu venir au secours d'un titulaire d'un office, pour le paiement du prix? les créanciers des titulaires qui, se reposant sur la valeur de l'office, leur ont confié depuis long-temps une partie de leur fortune? et les privilèges des précédents titulaires, qui auront déjà pris des engagements, comptant sur ce que leur doit leur cessionnaire. Etablissez maintenant une échelle de proportion et de corrélation d'intérêt, qui du reste est toute naturelle, et vous verrez combien de familles, même du peuple, de l'artisan, de l'habitant des campagnes, ne sont pas compromises ? Quelle stupeur ! Quel découragement ! ! Quelle banqueroute funeste ! ! ! Que de malédictions ! de blasphèmes ! ! Oh ! non ! Il est dans l'édifice social des colonnes que l'on ne peut saper sans voir s'écrouler l'édifice ; si vous voulez les remplacer par d'autres, songez que vous ne pouvez les élever que graduellement, et que l'impatience de la précipitation porterait le désordre et la ruine partout.

De toutes ces puissantes considérations, j'en déduis la conséquence, acceptable comme seule logique, que le pouvoir n'a le droit de s'emparer des offices, qu'avec l'indemnité réelle du prix, au moment même de la suppression de la vénalité ; tout autre mode de procéder serait, de la part du Gouvernement, l'injustice la plus funeste, la tyrannie la plus odieuse.

Des offices en matière de communauté, de successions,
des droits des créanciers du titulaire.

L'office que le mari possédait au jour du mariage lui restait propre, et ne tombait pas en communauté. Le motif était puisé dans la qualité d'immeuble qu'avait l'office. On donnait aussi cette raison : rien n'est plus propre à l'homme que son office, rien n'est moins communicable à la femme. Bourjon, *Droit commun de la France*, t. 2, p. 373. Il y avait modification cependant, quand la dissolution avait lieu par le décès de la femme.

Toutes les fois que dans le contrat de mariage il y a une clause qui exclut de la communauté les biens mobiliers des époux, l'office reste propre au mari, par suite le prix de l'office ne tombe pas en communauté. Arrêt de la cour d'Amiens, 17 décembre 1824.

Mais l'office de notaire que possède le futur époux, au moment de son mariage, lui reste propre, s'il y a dans le contrat de mariage une clause qui exclue de la communauté les biens mobiliers des époux, ou ne les fasse entrer que jusqu'à une certaine somme.

Par suite, le prix qui provient de cet office et qui comprend la valeur des minutes des actes reçus pendant le mariage, ne tombe pas en communauté. C'est ce qui a été jugé par la Cour d'Amiens, le 17 décembre 1824, dans les termes suivants :

« La Cour... ; — En ce qui touche la question de savoir si le prix de l'étude de Nusse, vendue pendant son mariage avec la demoiselle Lemoine, appartient à la communauté ou à la succession ; — Considérant qu'il a été stipulé, par le contrat de mariage desdits Nusse et de la demoiselle Lemoine, art. 5, « que, des dots des futurs époux il entrerait en » communauté la somme de 1,000 fr. d'une part, » et autant de l'autre », et qu'aux termes de l'art. 1500 du Code civil les contractans sont par cela seul censés s'être réservé le surplus; adoptant sur ce chef les motifs des premiers juges ; — En ce qui touche les conclusions subsidiaires, qui tendent à faire tomber dans la communauté la valeur de toutes les minutes des actes reçus pendant le mariage, comme aussi le prix de celles qui ont été achetées pendant la communauté ; — Considérant que les *minutes des actes reçus pendant le mariage*, bien qu'elles augmentent, par la nature des choses, la valeur de l'étude, ne peuvent par être considérées comme un *fruit* de l'étude, mais qu'elles concourent seulement aux produits qui consistent dans les émolumens et droits d'expédition, qui seuls appartiennent à la communauté. »

Sous l'ancienne législation, les offices des notaires, comme beaucoup d'autres, étaient réputés immeubles. Ceux qui s'acquéraient pendant le mariage, formaient un conquet de communauté ; il y avait une faveur dans ce cas que la jurisprudence accordait au mari ; c'était de payer à la communauté la valeur de l'office et de le retenir pour lui.

Cette valeur était déterminée par le *prix d'achat de l'office*, quelle que fût la somme à l'époque de la dissolution de la communauté. Pothier, *Traité de la communauté*; Ferrière, Bourjon, *Droit commun de la France*, t. 2, p. 378.

Voici sur quoi on se basait aussi pour établir que l'office ne pouvait tomber dans la communauté : l'office étant attaché à la personne du titulaire, et le titre étant conféré par le roi, le titulaire ne pouvait, sous aucun rapport, par la nature même du titre, être dépouillé au profit de la communauté.

La révolution de 1789 changea ces dispositions, et en abolissant la vénalité des offices, l'application de cette mesure n'eut rapport qu'au titre et non au prix d'achat, qui toujours a été respecté et reconnu comme propriété acquise aux titulaires.

Les offices en général, mais particulièrement ceux des notaires, sont, depuis la loi de 1816, une émanation directe et immédiate du souverain. Aucune mutation, sans le confert du titre, ne peut avoir lieu. La question du prix d'achat était l'affaire particulière du vendeur et de l'acheteur, propriété acquise, appartenant au titulaire, qu'il transmettait moyennant sa valeur reconnue et achetée au successeur que le titulaire présentait à l'agrément de Sa Majesté.

Depuis la loi de 1816, les offices sont donc deve-nus de véritables propriétés. Au moyen du *droit de présentation*, le titulaire a pu depuis les transmettre ou les vendre. (Voir Toullier, t. 12, n° 112.)

La Cour royale de Bordeaux a décidé, le 6 jan-vier 1834, que le fils qui, sans aucune stipulation pécuniaire, ni gratuite, a été nommé aux fonctions de notaire, en remplacement de son père démission-naire, doit le rapport à la succession de celui-ci, la valeur qu'avait l'office à l'époque de la transmission.

Ce rapport est considéré, d'après l'art. 851 du C. civ., comme frais *d'établissement*, que le père n'était pas forcé de faire, et qu'il a toujours considéré com-me une avance sur sa succession.

L'estimation de l'office doit se faire alors par ex-perts, (C. civ., 868), et ce n'est que du jour de l'ou-verture de la succession, que l'intérêt de cette som-me se rapporte à la succession. (C. civ., 856.)

La Cour de Nancy, le 9 mars 1832, art. 7851 J. N., a jugé que l'avis que donne la chambre de discipline, en exécution d'un jugement sur la fixa-tion de la valeur d'un office de notaire, dont le rap-port est à faire dans un partage de succession, doit être sanctionné par le tribunal avant de pouvoir ser-vir de base à la liquidation de cette succession.

Duranton, t. 14, n° 130, émet les mêmes opinions.

Ainsi, le prix de vente de l'office d'un titulaire, dont la succession a été acceptée sous bénéfice d'inventaire, fait partie de l'actif de la succession; et comme tel, il doit profiter aux créanciers du défunt. La Cour de cassation a jugé dans ce sens, le 22 mai 1823, et en ces termes :

« La Cour.....; — Attendu que les droits utiles comme les actions qu'on ne peut exercer qu'au nom et en qualité d'héritier d'un défunt, font partie de sa succession, sont par conséquent le gage de ses créanciers, et ne peuvent appartenir aux héritiers bénéficiaires, au préjudice de ceux-là, et avant les dettes de la succession acquittées ; » — Rejette.

Si dans la transmission d'un office, il y avait fraude dans la vue d'avantager l'héritier présomptif au-delà de la portion disponible, les cohéritiers peuvent demander l'estimation de l'office, et obliger le nouveau titulaire au rapport de la somme portée par cette estimation.

Ne trouvons-nous pas encore dans ces arrêts, comme dans les précédents, des dispositions entièrement analogues; et peut-on émettre le moindre doute sur la propriété réelle d'un office, et sur la transmission héréditaire qui en est la conséquence.

A la différence des meubles qui peuvent être vendus aux enchères publiques à la requête des créanciers, les créanciers du titulaire qui a laissé un héritier bénéficiaire, ne peuvent exercer qu'une action
sur le prix ou l'indemnité dûs par le successeur. Un
arrêt de la Cour de Limoges, en date du 10 novembre 1830, a appuyé et *admire cette doctrine :*

« Attendu que le droit de présentation d'un successeur, accordé aux officiers ministériels par la loi
du 28 avril 1816, et celui qui en dérive, de stipuler les conditions de cette présentation, constituent un droit de propriété, mais que ce genre de
propriété, modifié par la loi même qui l'a créé,
en ce sens qu'il ne peut se transmettre qu'aux successeurs agréés par le Roi et réunissant les qualités requises, et qu'il ne peut être exercé par le
fonctionnaire destitué, doit rester, en outre, soumis
à toutes les modifications qui dérivent de sa nature,
et peuvent être commandées par l'ordre ou l'intérêt
public ; qu'un droit de propriété, susceptible de telles
modifications, ne peut être considéré comme une
propriété ordinaire, et se régir en tout par les règles
du droit commun ;

» Attendu que les créanciers de la succession
Duvignaud ont été fondés à saisir-arrêter, entre
les mains du fils héritier bénéficiaire, les sommes
que celui-ci pouvait devoir à cette succession, et

s'opposer à la délivrance du certificat de capacité à toute personne qui pourrait se présenter pour succéder aux fonctions du père, jusqu'à règlement de leurs créances sur le prix dont elle serait reconnue débitrice; que ces actes, tendant à atteindre le montant de l'indemnité due par le fils ou par tout autre successeur, était essentiellement dans les droits des créanciers; mais que dans l'état actuel de la législation, le droit lui-même de présentation ne peut être saisi et mis aux enchères; que l'art 91 de la loi de 1816 n'accorde nommément ce droit qu'aux titulaires; qu'à défaut de la loi qui doit déterminer les moyens d'en faire jouir leurs héritiers ou ayant-cause, on conçoit qu'après le décès du titulaire, l'héritier, et même, à son défaut, le créancier, usent d'un droit qui, par cela seul qu'il existe, ne peut pas rester stérile pour eux; mais que l'ordre public est essentiellement intéressé à ce que le droit de succéder, sauf l'agrément du souverain, à l'exercice d'une partie de la puissance publique, ne devienne pas l'objet d'une concurrence où la dignité des fonctions serait trop souvent sacrifiée à des considérations d'intérêt; qu'on ne pourrait, au surplus, l'exposer aux enchères que par le moyen d'une saisie exécution, dont on ne saurait le considérer comme susceptible, puisque ce mode de saisie ne peut s'exercer que sur des meubles corporels; que les créanciers du sieur Duvignaud l'ont si bien senti qu'ils n'ont même pas employé ce mode d'exécution; qu'ils se sont bornés

à empêcher l'exercice du droit et à saisir-arrêter
l'indemnité ou le prix ; que le droit était, au surplus, devenu personnel à Duvignaud ; que comme
donataire, il n'en devait le rapport qu'à ses cohéritiers ; que, comme héritier bénéficiaire, la sépara-
tion de ses droits d'avec ceux de la succession le
protégeait plus efficacement encore contre toute
action des créanciers, tendant à ressaisir le droit
lui-même ;

» Attendu que l'offre faite par lui de leur payer
l'indemnité qui serait réglée par la chambre des
notaires, dispense d'examiner la question de savoir,
si, en cette double qualité de donataire et d'héritier
bénéficiaire, il pouvait s'affranchir du paiement de
cette indemnité, et si la démission faite en sa faveur
était ou non frauduleuse ;

» Attendu que l'estimation de cette indemnité
faite par la chambre des notaires présente à toutes
parties les garanties nécessaires à la conservation
de leurs intérêts ; Met ledit appel et ce dont est appel au néant ; émendant, donne acte audit Duvignaud de l'offre par lui faite de payer aux créanciers de son père l'indemnité par lui due à raison
de la démission des fonctions de notaire à la résidence de Chatelne, donnée en sa faveur par son
père : déclare ladite démission bonne et valable ;
ordonne que par la chambre des notaires de l'arron-

dissement de Chambon il sera procédé à l'estimation de ladite indemnité eu égard aux avantages que pouvait présenter ladite démission à l'époque où elle a été donnée; maintient les saisies et oppositions faites par Delavergne et autres créanciers, jusqu'après règlement de leurs créances sur le prix de ladite estimation, etc. » (Art. 7517 J. N.)

Il résulte des termes de cet arrêt que les créanciers ont un droit contre l'office du titulaire, qui cependant, considéré comme meubles, ne peut ni être saisi ni vendu aux enchères; que le titulaire, de son côté, a un droit de propriété sur l'office, droit qui résulte, comme je l'ai déjà dit, du droit même de présentation. Droit de propriété consacré par les cours et admis par toute la jurisprudence, droit aujourd'hui acquis, auquel se rattachent une foule d'intérêts divers, que la confiance et l'amitié ont engagés sur la valeur et propriété des offices. Les autres emplois publics, autres que ceux des notaires et officiers ministériels, ne peuvent se transmettre de la même manière que les offices désignés par l'art. 91 de la loi du 28 avril 1816.

Voici à cet égard ce que contient un rapport fait à la Chambre des Députés, le 1er octobre 1831 :

« Quant aux places qui ne sont pas énumérées dans l'art. 91 de la loi d'avril 1816, il est très vrai que leur transmission ne peut être l'objet d'aucune négociation entre les titulaires et leurs futurs successeurs. Et si, comme il n'est pas permis d'en douter, l'habitude de telles négociations s'est malheureusement introduite et dans l'ordre judiciaire, et dans plusieurs branches de l'administration des finances, c'est un abus d'autant plus fâcheux, qu'il offre en spectacle le triomphe de la cupidité chez ceux dont la conduite devrait faire l'édification de la société; c'est un abus d'autant plus difficile à déraciner, que le fonctionnaire qui a payé la démission de son prédécesseur s'imagine être excusable en vendant la sienne au candidat qui se propose de lui succéder. Votre commission, Messieurs, appelle de toutes ses forces la répression de l'autorité contre les marchés concussionnaires qui tendent à livrer à prix d'argent, et en quelque sorte à l'enchère, des emplois publics que le mérite seul devrait obtenir de ceux qui ont la prérogative de les conférer. » (Art. 7537 J. N.)

Enregistrement et timbre.

Comme les notaires, tous les autres propriétaires d'offices ou de charges, qui les ont achetés et payés, et qui, par le titre qui leur a été concédé par la souveraineté royale, sont en exercice, ont les mêmes droits que les notaires sur la valeur de leur office, et comme ces derniers, l'augmentation de leur clientelle, fruit de leur travail, de leur loyauté et de leur confiance, leur donne au cas d'indemnité le droit de la demander sur la valeur de leur office ou charge, au jour de leur démission; on ne pourrait impunément invoquer le prix d'achat sans fouler aux pieds tous sentimens de dignité, les lois de justice, d'équité.

Si je ne spécialise pas dans cet ouvrage chaque office, c'est que le caractère de tous est le même; quant à la propriété, à l'exercice, à l'indemnité, comme celui du notaire, leur titre leur est concédé par le pouvoir, et à l'exception de certaines dépendances en raison de leur plus ou moins de rapport avec l'ordre judiciaire, l'inamovibilité est basée sur les mêmes principes, le nombre est limité, l'exercice est entouré d'authenticité et protégé par les lois.

J'ai cité jusqu'ici une foule d'arrêts, émanant de la Cour de Cassation et de plusieurs Cours royales; des rapports de jurisconsultes distingués qui s'unissant et se ralliant dans une pensée commune, émettent d'une manière irréfragable la propriété des offices aux titulaires actuels. Je crois que cette identique opinion de la part des jurisconsultes, et cette même unité d'arrêts des Cours, quant à ce qui touche la clientelle et la propriété de la valeur de l'office, sont pour les titulaires actuels une puissante preuve du droit acquis de leur charge. Mais il en est encore une aussi puissante, et qui, prenant son origine dans le fisc, établit assez que ce n'est rien moins aux yeux de la loi qu'une reconnaissance en droit de propriété, basée sur la valeur de l'office au jour même du contrat de vente.

En effet, une étude prise en remontant depuis le 8 juin 1831, époque à laquelle un avis motivé du comité des finances les reconnut entre les mains des titulaires comme propriété mobilière, en les assujettissant au droit de 2 p. cent, établi pour la vente des meubles, par l'art. 69, § 5, L. 22 frimaire an VII, a toujours, en raison de son augmentation progressive, payé un droit plus fort au fisc de 2 p. cent de plus à mesure qu'un nouveau titulaire l'occupait, augmentation directe de la clientelle qui tous les jours s'y rattache.

Le titre, je l'ai déjà dit et je le reconnais, appartient à la prérogative de la souveraineté; il ne peut faire l'objet d'une mise en société et devenir ainsi en partie la propriété d'un tiers étranger à l'exercice même de la fonction du titulaire. Car, s'il en était autrement, il faudrait que, dans une succession, il fût compris dans une masse partageable, échoir en partage ou être adjugé sur licitation. Dans le principe, la vénalité des offices, qui est une des plus anciennes lois de la monarchie, fut pour les rois un moyen simple et prompt de se procurer de l'argent dans des moments urgents, et lorsque les ressources de l'impôt étaient encore insuffisantes ou peu appliquées. Elle finit par devenir de droit commun en France; et de cession en cession, elle a acquis aujourd'hui un droit constituant de propriété dans les mains du titulaire.

En mettant du reste les droits acquis des titulaires, vis-à-vis de leurs offices, en rapport avec l'art. 544 du Cod. civ., j'en déduis la conséquence qu'on doit les considérer comme propriétés.

L'art. 544 dit : La propriété est le droit *de jouir* et disposer des choses de la manière la plus absolue, pourvu qu'on n'en fasse pas un usage prohibé *par les lois ou par les règlements.*

Il est très-peu de conventions qui n'aient ce droit pour objet; mais dans chacune d'elles, il se reproduit dans une forme variée. C'est néanmoins toujours le même principe qui leur donne la vie! La propriété est la cause de toutes les obligations relatives au droit de famille.

La propriété a deux acceptions : tantôt elle s'applique *au droit* en lui-même, tantôt elle signifie la chose elle-même.

Dans l'espèce de la première acception, le propriétaire retire de la chose tous les fruits, tous les avantages, tout l'agrément qu'elle peut produire, qu'elle peut donner , sous quelle forme que ce soit, que ce puisse être. Quant à la deuxième, elle est assez explicite par sa rédaction même, pour qu'elle aie besoin de commentaires. Dans cette dernière acception , le propriétaire peut abuser de sa propriété, en faire tout ce que bon lui semble, pourvu que cela ne soit pas contraire aux lois. Un auteur même a poussé ce droit jusqu'à permettre au propriétaire de brûler sa propriété.

La disposition de la propriété que l'art. 544 donne au propriétaire , s'entend quant à tout ce qui est relatif à l'aliénation, à la garantie, à l'hypothèque.

C'est un des principaux attributs de la propriété, que de pouvoir en disposer ainsi et de la manière qu'on l'entend. Sans cette condition, nulle obligation, nul engagement ne sont possibles. Le crédit moral est sans doute quelque chose, mais le crédit reposant sur des garanties réelles de propriétés mobilières ou incorporelles , est le seul pivot sur lequel roule et puisse rouler la stabilité de l'ordre, de la famille, de l'Etat.

Protégé par la loi civile, ce droit ne doit pas plus blesser cette loi que nuire aux membres de la société. Détruire les abus est le plus noble et le plus digne des devoirs. Ne pas respecter les droits de la

famille, acquis par le travail, droits constitutifs de
l'ordre social, serait l'acte le plus tyrannique, le plus
inique qu'un pouvoir ait jamais commis.

*Des titulaires d'offices considérés dans leur rapport avec
la société en tant que comme fonctionnaires publics.*

Quand la loi a proclamé l'inamovibilité des officiers ministériels, tels que notaires, avoués, greffiers, huissiers, avocats à la Cour de cassation,
commissaires-priseurs, agents de change, etc., le
législateur a compris, dans la réserve de cette mesure, l'importance et la dignité qui s'y rattachent. La
loi n'a pas voulu qu'il dépendît de la souveraineté
de pouvoir, par une influence immédiate ou médiate,
agir sur l'esprit des officiers ministériels. Ainsi que
nous l'avons déjà dit, depuis la loi de 1816, 28
avril, les offices sont devenus une propriété entre
les mains des titulaires; toujours l'intérêt des masses, de la société, a été concilié avec le respect dû
aux droits acquis. La raison et l'équité indiquent
qu'on ne peut, par des considérations purement
personnelles, revenir sur des questions où la stabilité de l'ordre social repose. Reviendra-t-on sur
la religion ? Le notariat n'est-il pas un sacerdoce
qui possède aussi la sainteté de son sanctuaire ?
N'est-ce pas dans son cabinet que se traitent les

affaires qui tiennent au repos, à la sécurité, à
l'avenir des familles. Sous ce rapport, ne doit-on
pas exiger, de la maniere la plus énergique, de
la part des aspirants, la plus grande équité, la
plus grande réserve de discrétion, la plus grande
moralité! Où puiser ailleurs ces sentiments, si ce
n'est dans la conscience d'un titulaire qui comprend
le notariat comme sacerdoce, surtout quand il lui
a été légué comme héritage de sa famille, plutôt
que dans la fébrile passion de celui qui n'y ayant
jamais aspiré, n'y verrait qu'un moyen plutôt d'intérêt personnel que d'intérêt général. Quelle plus
belle œuvre voulez-vous laisser à accomplir que
celle qui a trait au soutien de l'honneur de la famille, greffée surtout sur l'estime, la considération
générale et l'intérêt du peuple ?

Venant à l'application de la capacité, je voudrais
par exemple que l'indulgence que la loi du 25 vent.
an XI accorde, n'eût pas été aussi paternelle.

Cette loi n'exigeait ni grade, ni science du
droit acquis dans une faculté. Il fallait justifier du
temps du travail prescrit par la loi du 25 vent.
an XI.

On faisait ressortir la nécessité d'une pareille dé-
termination, sur le découragement qui aurait gagné
les aspirants. Sans contredit, cette considération en

faveur des aspirants devait être prise pour quelque chose, mais l'intérêt de la société devait l'être aussi.

Le notariat se rallie tellement à la science du droit par la nature de ses actes, qu'il est de la plus grande imprudence d'en confier le titre à un aspirant qui n'a pas travaillé cette science dans une faculté. L'on ne verrait peut-être pas tant d'oublis, tant de dangers pour les parties, tant d'actes sujets à procès, tant de contrats de mariage surtout qui jettent quelquefois le désordre dans les intérêts de la famille, par suite du vice de la rédaction et du peu de connaissances du droit.

L'on ne verrait pas des notaires qui ignorent qu'on ne peut délivrer qu'une grosse, en délivreraient plusieurs comme si c'était des expéditions, se compromettant ainsi par ignorance. C'est un fait que je puis affirmer : un notaire de compagne délivra trois grosses au même individu dans une période de 5 à 8 ans. J'ai vu une expédition d'un acte d'un autre notaire qui dans un contrat de mariage sous le régime dotal, aliénait exclusivement la dot de la future, et qui à la fin donnait pouvoir au futur époux de vendre, échanger, etc., sans emploi ni remploi.

Je voudrais donc que revenant sur cette nécessité à savoir qu'un aspirant doit avoir un titre pour être admis aux fonctions de notaire, on exigeât :

Que pour être notaire de 1er et 2e degré, il fallût le grade de licencié en droit.

Pour les notaires de 3e degré, résidant au canton , il fallût celui de bachelier en droit.

Que pour celui des campagnes, le simple titre de capacité accordé par une année de présence au cours de deuxième année.

En joignant à ces qualité 3 ans de stage seulement, ce qui égalerait les 6 ans de stage que l'on est obligé de faire, on aurait des notaires qui pourraient se présenter dans un examen, et qui offriraient des garanties de savoir, et de véritable et réelle capacité. L'alliance a ces qualités, de la moralité, de l'intégrité, de l'honneur des aspirants , complèteraient d'une manière digne et convenable les réformes à opérer sur ces offices.

Que la révolution sociale qui vient de s'accomplir détruise ces sinécures honteuses, ces abus criards, ces inégalités de l'impôt, ces accès de corruption, tout ce qu'entoure et engendre l'usure, toutes ces turpitudes, en un mot, qui, comme une lèpre, se développaient sur la société entière , c'est son devoir, c'est son droit, c'est la plus belle œuvre qu'elle puisse accomplir, car le mal était devenu grand ; mais détruire ce qui depuis des siècles a institué la stabilité de la propriété, ce qui depuis des siècles a

transmis de famille à famille, nos fortunes, nos propriétés, serait, non-seulement un des actes les plus
imprudents, mais des plus effroyables.

En admettant que l'on accordât aux titulaires le
prix actuel de leur offre à mesure d'extinction, seul
mode du reste à pratiquer pour l'honneur et la dignité d'un gouvernement, comme pour la sûreté
de la société, je vais démontrer que ce serait une
des plus grandes erreurs, une des fautes les plus
graves, et comme principe, et comme conséquence,
que je combattrai par la discussion de la manière la
plus énergique.

Du moment où, comme plusieurs personnes
croient, qu'à l'avenir les fonctions de notaire, avoué,
greffier, etc., etc., seraient des fonctions publiques,
(mention d'un journal de Paris, Toulouse, etc.), je
vais au-devant de la proposition qui pourrait en être
faite à la convention (ce que je ne puis admettre
dans le sens du moins le plus absolu), et exami-
nant plus spécialement la question notariale que les
autres, qui néanmoins ont aussi une grave importance de responsabilité, je dirai que l'on ne peut
admettre une pareille proposition.

DE LA LIBERTÉ.

La liberté a deux acceptions :

1° La liberté en elle-même ;

2° Des rapports qu'elle établit entre le citoyen et le pouvoir.

1° *De la liberté en elle-même.*

La liberté en elle-même est absolue, illimitée, en ce sens seulement qu'elle ne s'éloignera jamais des bornes prescrites par la loi , la religion, la morale. A part ces atteintes, elle ne peut être , ni amoindrie, ni annihilée, sous aucune forme de gouvernement, encore moins sous la forme du gouvernement républicain , qui l'adopte et la proclame en première ligne. Comme la vie , elle nous vient directement de Dieu , et à Dieu donc elle appartient, à Dieu seul elle doit revenir sans avoir subi les dégradantes atteintes de la tyrannie , à Dieu seul elle doit remonter pure et sans tache.

La société a dû nécessairement, pour le salut de sa propre conservation , arrêter les élans d'une liberté mal comprise ; elle a dû mettre un terme à l'entraînement des passions humaines. Mais calme et froide comme la raison , ses lois sont sages et doivent être inflexibles.

Le seul droit qu'a l'homme en naissant , droit imprescriptible , droit sacré , par cela même que

Dieu le lui donne, est celui de vivre libre et mourir libre. Vivre libre, c'est avoir sa liberté de conscience, sans qu'aucune loi au monde puisse la lui arracher, sans qu'aucune menace puisse la fausser. Vivre libre, c'est pouvoir donner à l'intelligence tout l'essor de sa fougue pour renverser le tyran; c'est le droit de lui jeter à la face impunément ses coupables manœuvres, ses misérables tendances, ses perfides volontés; c'est l'envelopper dans la sphère de honte, d'opprobre et d'infamie : c'est le droit enfin de lui jeter au corps les chaînes de l'esclavage ou de la terreur, et de le lier si étroitement, qu'elles l'immobilisent, pour ainsi dire, au pilori de ses turpitudes.

Vivre libre, c'est encore le droit de penser, dire, faire et agir comme on veut sans s'écarter des lois de la société; c'est le droit de repousser par le mépris, toutes les menaces et toutes les vaines terreurs ; c'est pouvoir manifester son vote comme on l'entend, et porter qui on veut ; c'est le droit enfin de dénoncer à l'opinion publique, au nom même de la République, celui qui outragerait les prérogatives qu'elle nous donne après Dieu; car, s'il en était autrement, ce serait l'anarchie, la loi de la violence, de la force brutale, de la dégradation de l'homme par l'homme, de la plus odieuse tyrannie en un mot.

Vivre libre, c'est encore le respect réciproque que

les hommes se doivent entre eux dans la société;
respect d'opinion , respect de propriété, respect à
l'homme par l'homme , et c'est au pouvoir même à
veiller par tous les moyens possibles à l'exécution de
ces droits : c'est son devoir le plus sacré, par cela
même qu'il est la consécration pratique de ses théo-
riques constitutions.

Vivre libre, c'est enfin le droit d'imposer silence,
au nom du peuple, au nom de la République, à
quiconque ne comprend pas les suaves et belles
inspirations de la liberté ; c'est le droit de jeter à la
face du citoyen la qualification de *traître à la patrie*, quand il invoque la violence ou la terreur pour
dernière impuissance.

Quand la liberté est enchaînée, quand les élans
patriotiques et l'amour de la patrie sont, par la violence ou la terreur, étouffés dans la poitrine de
l'homme , alors que les tyrans président à vos destinées, il faut les écraser ou mourir !!...... Car la
mort seule vous rend ce que les despotes vous ar-
rachent, et du moins la liberté plane sur votre
tombe.

**2° *De la liberté des fonctionnaires en rapport avec
le pouvoir.***

La liberté ne doit pas plus souffrir des atteintes

dans l'exercice de l'état du citoyen qu'elle n'en doit subir dans la vie de l'homme.

Avant tout le fonctionnaire est homme, et c'est ce titre qui lui donne le droit d'avoir aussi sa liberté de conscience ; le pouvoir ne peut ni ne doit jamais l'associer à ses instincts sans effleurer la corruption, et il ne peut l'obliger par la crainte à suivre sa marche sans la pratiquer. Du moment où le pouvoir reconnaît le fonctionnaire capable de l'emploi qu'il lui donne, le fonctionnaire se trouve lié d'intérêt avec le pouvoir : ses actes, ses tendances, ses doctrines, doivent lui sourire, si elles sont justes, légales ; s'il les considère comme dangereuses pour l'ordre social, plutôt que d'accepter la solidarité de cet aveuglement, il doit comme citoyen les repousser, et comme homme employer la liberté qui lui appartient pour y réussir : on ne peut admettre qu'un fonctionnaire entrave bénévolement la marche du système, sans y être poussé par de graves et puissantes considérations ; alors donc on ne peut exiger qu'un fonctionnaire relève du pouvoir dans l'exercice de ses droits politiques.

Si donc, comme certains esprits le supposent, les titulaires d'offices étaient appelés à devenir fonctionnaires publics, ils se trouveraient comme tous les autres fonctionnaires, par les raisons que je viens d'émettre, libres et affranchis de cette humiliante servitude qui les rattachait au pouvoir déchu.

D'un autre côté, l'on ne pourra jamais changer leur position sans l'indemnité capitale, sous peine de confiscation; et indépendamment de l'horreur que provoque une confiscation, et qu'aucun gouvernement, sous peine de se couvrir d'infamie, ne peut invoquer, la peine de confiscation des biens est abolie, et ne pourra même jamais être rétablie, d'après l'art. 66 de la charte de 1814, art. maintenu par l'art. 57 de la charte de 1830.

Pourquoi donc le gouvernement actuel, qui a malheureusement à remplir des devoirs bien accablants pour la société, bien douloureux pour lui, causés par les dettes effroyables que le gouvernement déchu lui a léguées pour tout héritage, croit-il encore grever le budget de milliards? Serait-ce pour avoir des fonctionnaires publics sous sa dépendance? Mais cela ne se peut pas? ce ne serait pas alors un gouvernement républicain! car l'homme ne doit répondre, sous ce régime, que des actes qu'il commettrait en opposition avec la société, la morale et la religion.

Les droits des titulaires sont si sacrés, qu'ils ne peuvent éprouver la moindre crainte relativement à leur propriété; les soucis qui peuvent les assiéger reposeraient sur la privation de leur état, qui leur réalise peut-être quelques bénéfices de plus que le capital réel de l'office qu'on leur donnerait.

Mais, en agissant de la sorte, le gouvernement

commettrait la faute la plus lourde, la plus capitale, la plus compromettante, et pour lui, et pour la société.

D'abord, sous le rapport de l'augmentation des charges qui pèseraient sur le budget; en second lieu, dans le propre intérêt de sa conservation; enfin, sous le rapport de la tranquillité de la société entière.

Que la loi sur les offices, moins quelques modifications particulières à la capacité et réelle moralité de l'aspirant, soit maintenue; j'ose garantir au gouvernement le soutien de tous les titulaires d'offices. Dans les élections, ce soutien pour lui est peut-être le plus fort, le plus nombreux, et par l'influence des titulaires, et par les intérêts divers qui se rattachent à eux. Si je n'avais que cette considération à lui présenter, si importante qu'elle puisse être, il pourrait peut-être passer outre; mais il en est une autre irrésistible, une autre qui mérite le respect et la sollicitude du gouvernement sous tous les rapports, qui se liera toujours avec les intérêts de la société entière, et dont la moindre atteinte pourrait entraîner de bien funestes et irrémédiables conséquences; je veux parler des garanties matérielles que le titulaire doit offrir à ses clients pour préserver leurs biens, leur fortune, en tout ou en partie, contre son inexpérience, son incapacité, sa légèreté ou sa faute.

En effet, quelle garantie pourrez-vous donner aux clients contre les prévarications du titulaire, si ce dernier, par erreur, par captation, par oubli, ou par une foule d'autres incidents coupables ou innocents commet une faute? Qui est-ce qui répondra de la validité de tout ou partie d'un placement, d'un acte de vente, d'une cession? Qui est-ce qui réparera les préjudices causés par les raisons que j'ai déjà émises, soit dans les contrats de mariage, transaction, partage, testament, en un mot, dans tous les divers actes que le notaire est appelé à faire?

En résumé, du moment où le notaire ne serait que fonctionnaire public, comme tel, il ne serait soumis qu'à une surveillance plus ou moins rapprochée; c'est la seule garantie qui serait offerte aux clients, car la moralité n'exclut pas une faute.

Les intérêts de toute la société sont tous concentrés depuis bien long-temps dans l'étude, la moralité et la capacité des notaires. La véritable et sérieuse garantie de fait et de droit, est la propriété de l'office. Qu'un notaire fasse un mauvais placement, une vente nulle, des cessions, etc., inexactes, il est civilement responsable des ses actes, et les parties peuvent l'attaquer pour rentrer dans leurs fonds. Qu'un notaire, officier public, commette la même faute (et je ne vois pas, malgré toutes les précations à prendre, qu'il ne prévariquât pas), que deviendront les droits des parties? sur quoi attaquer, s'il n'a que le titre? Sur rien! tout serait perdu pour elles, et depuis le dernier du peuple jusqu'au premier, la société entière enfin, auraient leurs droits, leurs intérêts les plus chers, leurs propriétés, dépendant absolument de la confiance morale du notaire. Est-ce possible? Est-ce praticable? Comment ne pas frémir à cette pensée! Et cependant la loi vous oblige d'y aller, vous ne pouvez rien faire que par l'authenticité de ses actes!...

La seule espérance consolatrice que le pouvoir puisse offrir à la société pour lui garantir la sécurité des affaires qui se traitent chez les notaires et chez les autres officiers ministériels, si, après indemnité, le pouvoir abolissait la vénalité des offices pour faire des fonctionnaires publics, ce serait 1° ou de répondre de leur prévarication; 2° ou bien d'exiger de leur part une caution égale au prix de l'office; 3° ou bien enfin un cautionnement.

1° Quant au premier cas, je doute fort que le gouvernement l'accepte; ce serait une bien grande imprévoyance, une faute bien grave, greffée sans doute sur une bien louable, mais inexcusable assurance de sa part en faveur de l'infaillibilité humaine.

2° Exigerait-il une caution en rapport avec la valeur de l'office? Mais ne serait-ce pas alors un privilège d'un autre ordre, qui réunirait des impossibilités sans rien garantir à personne. En effet, quel intérêt aurait le titulaire à remplir son devoir avec loyauté, puisque la caution serait civilement responsable de ses prévarications? Quelle crainte pourrait le retenir, puisque la garantie de son office ne lui appartiendrait pas? et que de bassesses ne serait-il pas obligé de faire pour pouvoir se créer un revenu en rapport avec sa position sociale, obligé qu'il serait de payer d'abord à sa caution l'intérêt du capital aliéné pour lui, pourrait-il suffire à son entretien, à celui de sa famille? Cette fonction publique ne serait-elle pas considérée, sous ce rapport, plutôt comme une charge que comme une faveur? Et puis, si vous admettez qu'il commette une ou plusieurs fautes graves, conséquence naturelle de la nécessité que vous lui auriez faite d'aller, par tous les moyens possibles, au-devant des affaires; que la précipitation ou l'irréflexion de la pensée vicient la validité de ses actes, vous tombez alors de Charybde en Scylla, car la caution doit payer comme responsable qu'elle est, retirer conséquemment sa confiance, et le titulaire fonctionnaire perdre sa place. Ainsi, vous destituez tacitement un fonctionnaire, le jour même de sa nomination, par la nature même de l'emploi que vous lui donnez; vous lui enlevez la confiance, à la première faute qu'il commette vous l'assujettissez toute sa vie à vos opinions; s'il est timoré ou gêné dans ses affaires, vous finissez par lui inoculer vos instincts de tous les temps, de toutes les heures ; vous compromettez, en un mot, tout son avenir en brisant son passé, même honorable, par un égarement momentané ; vous finissez enfin par le rendre impropre, impossible à d'autres carrières, et par-dessus tout vous ébréchez la fortune d'un tiers. Tout cela est une obligation forcée que vous ne pouvez même modifier par rapport à la délicatesse de ces fonctions, et par rapport à la société surtout.

3° **Enfin**, si vous exigez un cautionnement en admettant qu'il soit tiercé, doublé même, vous établissez d'abord un commencement de privilège, et vous donnez ensuite à la société une garantie illusoire ; vous tombez, du reste, dans le cas précédent, car si le titulaire se procure ce même cautionnement, il en aura les charges en faisant peser sur autrui la conséquence de ses fautes.

Je sais bien que l'on pourra m'objecter quelques prévarications commises par des notaires du jour. Mais je répondrai à cela une chose bien simple, et qui fera ressortir davantage le principe de la propriété, comme seul possible pour éviter de pareils malheurs.

Premièrement ; il est, du reste, presque impossible que dans une corporation nombreuse il n'y ait quelques mauvais membres ; toutes les classes de la so-

ciété les plus honorables et les plus élevées, ont
eu dans leur sein des confrères qui ont laissé après
eux un bien triste retentissement ; et je dois le dire
à la louange du corps de tous les officiers ministériels, c'est la phalange qui a eu le moins de crimi-
nels, considérée dans ses rapports de nombre avec
les autres corps ; que l'on prenne ses annales,
qu'on les dissèque année par année, et l'on verra le
nombre des prévaricateurs depuis un demi siècle ?
Et cependant, c'est de toutes les corporations celle
qui serait la moins sujette à l'infaillibilité, par la di-
versité des dépôts que la confiance morale lui procure. Si l'on s'étonne de ce petit nombre que l'exa
gération des esprits avait, j'en suis sûr, multiplié
d'une manière effroyable, on en trouvera la raisons, d'abord, dans les sentiments d'honneur et de
délicatesse qui ont toujours animé la corporation des
officiers ministériels, par la nature même de leurs
fonctions, qui les rendent dépositaires des secrets,
des propriétés, des familles, fait germer dans leur
cœur cette douce consolation de faire le bien ; et en
second lieu, dans cette ambitieuse réussite de la
considération publique dont l'homme est si avide,
et qui n'est pas le moins beau fleuron qu'un père
puisse léguer à ses enfants.

Si nous inspections maintenant avec sévérité et
justice les noms de ceux qui ont forfait à l'honneur,
nous verrions que les prévarications les plus nom-

breuses ont été commises par ceux qui n'étaient pas en pleine propriété de leur étude, et qui se trouvaient obligés, par cela même, à parer, par tous les moyens possibles, à l'insuffisance de leurs revenus, pour satisfaire même quelquefois à leurs premières nécessités de famille.

Si une surveillance des plus rigides avait présidé à chaque nomination; si l'on avait exigé de la part des aspirants une position de fortune assez en rapport avec le prix d'achat d'étude, l'on aurait évité toutes ces calamités, qui n'ont éclaté que par les sacrifices de toute espèce que le titulaire se trouve forcé de s'imposer pour faire honneur à ses dettes résultant de la cession de l'office.

Ainsi donc, en me renfermant dans les considérations que je viens de tracer, qu'il me soit permis de donner aussi au gouvernement l'impression de ma pensée. Elle sera franche et loyale, désintéressée, amie, et à ces divers titres, il doit la prendre en considération : tous les pouvoirs s'abusent en exagérant leur autorité. Il est à toute chose une barrière infranchissable, car derrière se trouve l'abîme ; Dieu a borné notre intelligence, et la raison et le jugement qu'il a donnés à l'homme sont pour l'arrêter dans l'entreprise de ses actions ; il n'a pas voulu que notre intelligence pénétrât dans l'avenir, il nous a légué la mémoire du passé, et c'est cette mémoire

du passé qui doit servir d'exemple et de leçon aux
hommes qui veulent entreprendre la difficile mission de conduire les autres. Il est beau , sans doute,
de se poser par son talent , par son courage, à la
tête du pouvoir, mais la tâche est bien plus belle
et bien plus digne de s'y maintenir par les lois de
la justice et de la raison; puisque Dieu vous a choisis
pour ses représentants dans la noble, difficile et péril-
leuse tâche que vous avez à accomplir, montrez-vous-
en dignes ! Prophétisez donc sa miséricorde et bonté
infinies : sachez que l'homme se rapproche de lui par
l'élévation de ses sentiments, et que les qualités de nos
facultés intellectuelles et morales sont un reflet de
cette sublime émanation de l'Eternel. Ne serait-ce pas
de votre part la plus grande injure que vous adres-
seriez à l'Etre suprême, que de souiller ces puissants
privilèges qu'ils vous a donnés : vous administrez
les hommes en son nom; vous êtes , en quelque
sorte, dans ce moment, ses apôtres ; c'est de lui seul
que vous tenez vos forces , vous ne pouvez dépas-
ser le mandat qu'il vous donne sans vous rendre
sacrilèges, et sans faire retomber sur vos têtes l'ana-
thème de sa malédiction.

La prostration morale du pouvoir est bien près
du paroxisme du peuple; entourez-vous donc de
tout ce qui veut aller à vous ; ne proclamez pas ce
ridicule et dangereux ostracisme; il vous serait funeste , car la volonté des despotes est toujours im-

puissante contre l'irrésistible puissance du peuple
qui réclame ses droits : le vase de la liberté qui déborde, s'appelle envahissement, et comme l'intolé-
rance, l'envahissement est le marche-pied de la tyrannie; si vous voulez que la nation entière salue
la République, faites-la lui connaître par la pureté
de vos intentions, et par le propre respect que vous
lui devez ; apprenez au peuple ses véritables et su-
blimes inspirations, et faites lui partager ses dé-
lices.

Pas de menaces, surtout aux électeurs, ne les faus-
sez pas par la violence ou par la terreur; ce serait
le plus grand malheur pour la République, comme
la corruption l'a été pour la monarchie déchue.

Donnez à l'électeur la protection de votre égide,
plutôt que de faire suspendre l'épée de Damoclès
sur sa tête. L'intimidation ne sera jamais, en France,
à l'ordre du jour. Croyez moi, deux instincts oppo-
sés semblent présider au développement de vos manifestes. L'un est généreux, sublime de patriotisme
et d'entraînement, il ne peut que faire germer le triomphe de la République, par cela même qu'il dissipe
toute crainte; l'autre est presque menaçant, coërci-
tif, par cela même qu'il est méfiant. Tout le monde
tourne ses espérances et son salut vers le premier;
et l'on repousse, de toute l'énergie de son caractère,
le dernier. Ne craignez donc pas de reculer et de

rendre hommage, dans l'intérêt de la République,
à ces impressions généreuses que vous ne partagez
pas encore peut-être. Vous le voyez, la nation ne
veut que le bien de sa patrie, que l'union ; donnez
l'exemple, point de rancunes d'égoïsme, d'hosti-
lité anti-sociale, point d'isolément, point de scission
si vous ne voulez pas qu'il n'y en ait dans le peuple ; ce sera de vos accords que dépendra l'union de
la nation ; rappelez-vous des calamités funestes que
les dissensions d'Aristide et de Thémistocle failli-
rent attirer dans leur patrie. La France n'a jamais
été plus sûre de la liberté, que le jour de cette fa-
meuse séance à la convention nationale dans laquelle
tous les partis se tendirent la main à la voix d'un
seul homme ; ils oublièrent un moment leur animo-
sité, et tous électrisés par cette sublime éloquence si
familière aux Girondins, quand il s'agissait surtout
du salut de la patrie, ne purent retenir l'explosion
de leurs sentiments ; l'on vit alors la montagne, la plai-
ne, les Girondins se jeter dans les bras les uns des
autres, jurant un éternel oubli de leur haine ; et si
cette chaleureuse effusion de cœur se fût soutenue,
tous les malheurs qui survinrent n'eussent pas éclaté
dans notre patrie ! Souvenez-vous de Thémistocle !
Souvenez-vous de la Convention ! !

Rendez donc la possibilité pratique des théories
Républicaines, et pour cela proclamez la liberté pour
tout le monde, et prouvez-là par la franchise que

vous devez laisser manifester partout, par la liberté des votes et des consciences.

Proclamez la fraternité en faisant disparaître de
suite ces éléments de discorde qui se répandent dans
les masses par suite de vos premiers manifestes constitutifs d'exclusion; que ces méfiances réciproques
et ces jalousies intestines s'évanouissent en faisant
comprendre au peuple la réalité de vos institutions,
plutôt que de le bercer dans de chimériques espérances; le peuple est facile à se laisser gagner, par
cela même qu'on lui promet trop quelquefois, et
quand ses déceptions sont comprimées, il devient
terrible; envoyez donc lui dans les clubs de véritables intelligences de bien, faites-le moraliser par de
vrais républicains, car vous avez la responsabilité
de ses actes; vous ne manquerez pas de sujets, et au
lieu d'irriter ses passions, de le rendre dans les clubs
pantelant d'émotion, de vengeance, ou de désordre,
vous calmerez sa fébrile intelligence et vous rendrez
alors le plus grand service à la République qu'on
puisse lui rendre; vous lui ferez des partisans par
la pensée, tandis que vous ne lui faites que des en-
nemis par le débordement des opinions.

Proclamez aussi l'égalité par le respect mutuel
que les hommes se doivent entr'eux dans la société,
par l'unité et l'identité des mêmes opinions, par la
considération de l'homme par l'homme. Vous ren-

drez alors par votre néologie réellement républicaine,
tous les néophobes à une prompte conversion : vous
entendrez partout des chants d'allégresse, et non
des nénies d'un autre temps.

Alors vous aurez accompli les préceptes de la
loi divine ; alors vous aurez rempli ce mandat sacré,
avec la dignité et le respect qui doivent environner
vos consciences ; vous aurez retabli la nation dans
son équilibre, et fait germer dans tous les cœurs
la confiance.

Le crédit, base inséparable des affaires commer-
ciales, renaîtra. L'argent reprendra son cours ; car
dans une révolution, les écus sont comme les
lâches, ils se cachent pour ne reparaître que lorsque
tout est fini ! ! Dieu sait s'il y en a d'enfouis ! ! !

De provisoire, vous nous donnerez ainsi un gouvernement définitif et légitime ; issus d'une révolution,
vous serez alors vous-même proclamés par la souveraineté nationale. Il vous faut ces éléments pour com-
mander à l'obéissance, et jusques-là vous ne devez
que calmer et administrer le pays jusques à la réu-
nion des élections.

N'ambitionnez-vous pas plutôt un baptême de
bénédiction qu'un baptême de sang ? Alors invitez
tout le peuple à votre premier sacrement, et dans

cette fête de famille, prenez toute la nation pour marraine, plutôt qu'une faction.

Vous n'avez pas, je le pense, la prétention de croire que tout le monde est né républicain, pas plus que tout le monde naît catholique ; alors donc tendez vos bras et ouvrez vos cœurs à ceux qui ne partagent pas encore vos principes ; inoculez-les par l'élévation de vos sentiments, dans l'esprit et l'ardeur de ceux qui ont des idées libérales, et sous cette mystérieuse incubation du prosélytisme, naîtront, sous les auspices de votre cathécuménat, des néophites républicains, qui seront plus utiles à la république que les séides qu'elle peut avoir dans ce moment-ci.

Ainsi que la vertu, le républicanisme a ses degrés ; méfiez-vous de ceux qui n'ont pas un passé progressif : quiconque se passionne pour le nom, n'en comprend pas la sublime portée. L'ardeur du patriotisme et le courage de son opinion, se trouvent plus honorablement placés dans l'intelligence et dans le cœur que sur les lèvres.

N'acceptez pas les hommes du lendemain ; mais ne proclamez pas leur ostracisme *quand même ;* ce serait d'un très-mauvais goût, et d'une fraternité des moins honorables pour la République. Ne soyez pas si méfiants ; avec un peu plus de franchise et

d'oubli, vous saurez vous attirer tous les véritables
éléments de force , de dignité , que les autres n'ont
pas su conserver : vous seriez impardonnables de
pécher par où ils ont péché ; et puisque vous avez
si bien su trouver le défaut de la cuirasse qui protégeait la royauté déchue , ne commettez pas l'imprudence fatale de la prendre pour votre armure.

Si donc la *liberté*, l'*égalité* et la *fraternité* , sont
les trois colonnes qui doivent soutenir la République,
ajoutez-y l'entourage de la nation pour y poser la
première pierre ; sinon , vous ne pouvez pas plus
que moi, que nous tous, répondre de son implan-
tation.

Vous avez en un mot trente millions de citoyens
à respecter : sachez rapprocher l'éloignement qui
les sépare et les divise peut-être de vous, par le
rapprochement de leur libéralisme ; sachez, enfin ,
et leur faire franchir par la pureté de vos consciences la distance qui les sépare de vous, et vous mon-
trer dignes par la vénération que vous devez à la
consécration de la vérité des vertus républicaines,
et de leur dévouement, et de leur éternelle reconnaissance.

S'il n'est donc pas possible, Messieurs, à votre intelligence de pénétrer dans un avenir politique et social
plus ou moins rapproché, prenez pour jalon le passé,

et qu'il vous serve de guide dans la voie que vous
allez suivre. Les peuples ne veulent plus de tyrans.
Sous quelle forme et sous quel nom qu'ils s'affublent,
ils les repoussent et les chassent impitoyablement.
La nature nous a donné à tous une portée de sens
commun, assez étendue pour distinguer le bien
du mal; un certain degré d'intelligence pour comprendre et saisir les conséquences d'une faute, ou
d'un aveugle éblouissement; assez de franchise et
assez de louables sentiments pour en prévenir les
écueils.